民法典下的财产继承

全怀周 ◎ 著

遗嘱表达、遗嘱订立、证据采集、遗嘱保管、遗嘱执行

中国法制出版社
CHINA LEGAL PUBLISHING HOUSE

序

每个家庭都会面临财产继承问题。

时至今日，很多普通家庭都积攒了一些财产。不说别的，一套房子至少就值几十万元，如果是在比较发达的城市，可能值几百万元甚至上千万元。这么大一笔财产，到最后如何顺利地继承，留给该给的人，是个大问题。

但是，在接触很多家庭时笔者发现：90% 以上的人根本不知道如何处理财产继承问题，即使有提前安排意识，也不知从何下手。

人们都会面对财产继承问题，但大都茫然不知所措，甚至误解、误读，这之间形成的巨大反差，不得不引发一些思考：是没有意识，没有重视，还是没有学习了解的渠道，甚至刻意选择回避？

所以，笔者萌生了这样一个念头：希望通过一本书，将这方面的知识、政策、法规，尤其是如何客观认知、实际操作，进行比较系统、详细的讲解。

财产继承涉及面很广，如婚姻、家庭关系、财产特性、公民权益保障等。而最重要的其实是“人”——财产继承，最重要的影响因素是人性。

继承过程中，巨额利益对人性的挑战是巨大的。

有家庭和睦不争甚至相让的，有不重亲情但为了利益相争的，也有把义务强加给某个子女但把利益给别人的……家庭百态，不一而足，其中的核心问题就是公平。

继承人会谈论公平吗？一定会，但是有风险。因为他们是直接受益人，是得利者。所以，与其风险后移，不如前置规避。如，可设立一份合法有效的遗嘱，对个人的财产进行妥善安排，使财产最终通过遗嘱继承。

遗嘱，代表的是被继承人个人的真实意愿。衡量公平与否的尺度，掌握在被继承人手中，而不是分散给诸多继承人或者可能从中获利的人。从某种意义上来讲，可以理解为是被继承人对家庭承担的最后一份重任，是对善待自己的人的眷顾和褒奖，是对付出与回报对等的公平体现，更是对道德、优良传统、价值观的弘扬。

所以，一份合法有效的遗嘱，对于个人财产的继承，价值巨大。

遗嘱如何订立才有效？

《民法典》继承编中有所规定。具体到实际操作，比如，如何做才能满足订立条件？如何表述分配意愿？如何证明遗嘱的真实性？如何把遗嘱继承的效用发挥好？……都需要可操作性的指引。

这些就是笔者撰写本书的初衷——从可操作性的角度，用比较容易理解的直白语言，告诉每一个家庭成员如何实现“把财产留给善待自己的人”。希望它能成为每个家庭必备的一本法律常识书。

最后，还有一点不得不提及：不要对遗嘱心存忌讳。

很多人对遗嘱感到晦气。这只是一种心理上的感性认知，相比成百上千万元的财产，甚至家庭亲情的传递，这种“晦气”，实在不值一提。

2022 年 4 月

前言

《继承法》于1985年颁布实施，直至2021年1月1日废止，正式进入《民法典》时代，我国关于继承的法律法规，已经走过约36年的时间。

但是，在与数百个家庭接触的过程中笔者却发现，很多人对于继承的相关知识不甚了解。究其原因，主要有二：其一，真正的财产积累，其实始于20世纪90年代。那个时候影响千家万户的一项重要政策：住房商品化——让老百姓有了属于自己的房子。随后持续十余年的房市火爆，让人们拥有的财产剧增。其二，我国逐渐步入老龄化社会，这意味着将有大批家庭开始面临个人财产继承问题。

所以，对继承问题的重视有一定的时间特性。

每个家庭都会面临个人财产的继承，随之而来的问题是如何继承，由谁来继承？

个人认为，按照自己的意愿把财产留给“应该给”的人，是实现财产继承的理想方式。也就是通过遗嘱继承的方式，提前订立一份合法有效的遗嘱。

让每个家庭了解继承的相关知识，掌握订立遗嘱的实际操作方法，而不是空洞地介绍概念或者“翻译”法条，我想，应用价值、实用价值会更大一些。这是撰写本书的目的。

先对本书的内容结构作一个简单的概括，便于读者掌握其中的逻辑。

首先必须了解财产处理的主要方式以及各种方式的特点。这部分内容会在第一章进行介绍。

而财产继承有哪些依据，有多少种办理途径，各种不同途径的办理流程是怎样的，会在第二章阐释。

继承的核心要素之一是财产。对于人们而言，有哪些重要的财产类型、如何分辨哪些属于可继承财产，会在第三章论述。

遗嘱是实现继承最为重要的一种途径。遗嘱要想真正“服务好”继承，必须保障遗嘱的有效性。所以，自第四章起至第七章，共计四章的内容，分别从如何确保一份遗嘱合法有效，遗嘱内容的表述，遗嘱订立过程中的证据采集，以及未来遗嘱生效后的处理方式，进行详细的可操作性讲解。

正确认识遗嘱的作用和价值很重要。不贬低、不夸大才是客观、认真的态度。对于这个话题，会在本书的最后一章进行强调。

在撰写本书稿过程中，我国《民法典》正式颁布，遂围绕《民法典》几经易稿，包括其中插图的绘制至最终定稿，前前后后花费很长时间。其中难免有疏忽、纰漏之处，还望大家指正。

目录

一　财产处理

【案例故事】

为图省钱，老人把房子提前过户给儿子，却要求女儿赡养

老杜有很强的“家传”意识：财产要通过儿子传下去。

在一儿一女面前，老杜说得很清楚：“今后我们老了，儿子你得给我们养老。闺女，你嫁出去了，家里的事就别管了。我们的这点家当，留给你哥。”

老杜口中的家当，主要是他和老伴儿共有的一套房子，是当初房改的时候老两口买下的，现在价格已经翻了好几倍。

70岁出头那年，老杜生了一场大病。一家人前前后后折腾了两个月，最后总算无恙。

经过这件事，老杜并没有改变对家产分配的看法，反而更加上心：岁数越来越大，家里的财产怎样分配，得提前落实好。

为此老杜让儿子了解相关政策。儿子对这事格外积极，没过几天就打听清楚了："爸，您看，房子交给我传下去，这是迟早的事儿，所以我们主要的考虑是怎样简单、省钱怎样来。最简单、省钱的方法是我们走买卖手续，现在就把房子过户给我。"

老杜一听，觉得可以。既然结论已定，何必多花钱呢？于是让儿子一手操办过户手续。

刚办完过户手续的那段时间，儿子很积极，有事没事就回去看看父母，在父母面前表现得很有责任。但时间一长，儿子照看老人的积极性明显下降。稍有抱怨，儿子总以各种理由推托，这让老杜不高兴了。在老杜看来，说定的事儿，甭管什么理由，都必须坚持做下去。

渐渐地，老杜和儿子之间的不快越来越多，甚至演变成争吵。到后来，儿子索性不回父母家了，见不到人，一打电话敷衍两句就挂了。

上了岁数，本来需要照顾的事情就多，无奈之下老杜只能联系女儿。一开始，女儿隔三岔五还会过来看看，给父母带点东西。到后来，女儿发现自愿变成了要求，这让女儿也不高兴了："你不是说好不用我管吗？你不是已经把财产都给我哥了吗？"

一家人就在这样的心态中过着日子。老杜不甘心，财产都给了儿子，儿子却出尔反尔。无奈之下，只能要求女儿，而且明确地告诉女儿，子女赡养父母是义务。

女儿不甘心。凭什么财产没自己的份，却用义务来绑架自己？凭什么不去要求儿子？

乐得清闲的，恐怕只有儿子。

子女不能以分不到父母的财产为由拒绝对父母尽赡养义务，但是，继承问题处理不好的话，谁受益？谁受损？相信大家已经很清楚了。

财产继承处理不好，最终倒霉的往往会是老人——失去了财产保障，没有了要求赡养的筹码，只能寄希望于人性和法律。但是，这样能舒心吗？

财产继承处理不好，会使家庭关系裂痕越来越大，毕竟人总是讲求公平的。付出了，希望有回报；要回报，就得有付出。一旦不公平，就会使家庭成员之间相互猜忌、相互攀比，甚至老死不相往来。

所以，财产继承，应该保护谁、传给谁、怎样传，都非常重要。

一、财产（房产）处理的三种方式

多数父母都会自然而然地认为，我的财产，将来肯定都是给孩子的；多数子女也会有这样的潜意识：父母的财产，不给我还能给谁？但一定是这样的结果吗？

先从方式说起。以最重要的一笔财产类型房产为例。父母在世前后，房产要给子女的话，从大了说，其实可有买卖、赠与和继承三种主要方式。而继承，又分为法定继承、遗嘱继承、遗赠扶养协议几种情形，每种情形之下效果也不同（将在第二章及之后进行主要介绍，第一章暂不展开）。

	买卖	赠与	继承
前提条件	财产属于父母个人合法财产，子女需具备购买（受赠）资格		子女有合法继承权
发生时点	父母生前		父母去世后
产权归属	房屋产权登记完成之后，属于子女	赠与完成之后，属于子女	生前属于父母，父母去世后属于继承人
反悔可能	若实际交易完成，无法追回； 若未发生实际交易，可追回	若发生撤销赠与情形，或违背赠与条件，可追回；否则无法追回	被继承人无法反悔； 其他继承人可举证追讨
利益偏向	利于子女	利于子女	利于父母

1. 买卖

前提条件

买卖多适用于房产、车辆等类型的大型实物财产。父母将此类财产通过买卖方式过户给子女，需要满足两个前提条件：

- 此类财产，必须是父母个人合法财产。
- 子女必须具备购买资格。比如，商品房过户，受当地限购政策约束；宅基地房过户，子女必须为同集体户成员，且符合宅基地分配管理规定。

发生时点

买卖是父母生前过户给子女的一种方式。

产权归属

房屋产权登记完成之后，财产不再属于父母，而是归属于子女。因此，一旦交易完成，多数情况下，卖方将失去对相应财产的所有权和处置权。

反悔可能

在正常情况下，过户完成之后，再行反悔的可能性不大。但是，在一种情况下，卖方存在追回的可能：父母将房子通过买卖的方式过户给子女，但是子女没有在合同约定的时间内将购房款实际给到父母。这时候，父母可以反悔，因为子女未实际支付购房款，视同违约。

利益偏向

交易过户完成后，产权变更，利益偏向于子女。

2. 赠与

前提条件

受赠人要受到相应资格条件的限制。比如，如果子女在当地没有购房资格，父母不能将房产赠与子女；有些地区，能否接受赠与还受到限购影响（同“买卖”）。

发生时点

赠与行为发生在原产权人生前。

产权归属

与买卖相同，赠与完成之后，财产不再属于赠与方，而是将归属于受赠方。

反悔可能

相对于买卖而言，赠与的特点在于：赠与可以指定赠与个人，并且可以附加条件。

比如，父母声明将房子赠与已婚儿子个人，那么儿子的赠与所得，将不作为其夫妻共同财产。父母也可以在赠与协议中明确约定条件。一旦赠与过户完成，如果儿子违背赠与条件，或者发生如下情形，这时候，即使已经完成过户，父母也可以撤销赠与，但是要注意时间。

《民法典》中有相关规定。

第六百六十三条 受赠人有下列情形之一的，赠与人可以撤销赠与：

（一）严重侵害赠与人或者赠与人近亲属的合法权益；

（二）对赠与人有扶养义务而不履行；

（三）不履行赠与合同约定的义务。

赠与人的撤销权，自知道或者应当知道撤销事由之日起一年内行使。

利益偏向

部分情形下可撤销赠与，但通常赠与过户完成后，产权变更，总体上利益偏向于子女。

3. 继承

前提条件

只要财产属于去世人生前个人合法财产，继承人具备继承权即可。与买卖、赠与不同之处在于，继承人能否继承财产，不受如限购政策、购房资格等的限制。比如，继承人不具备当地的购房资格、继承人已经是外籍等，对于继承均无影响。

发生时点

继承行为发生在原产权人去世之后。

产权归属

发生继承之后，父母财产的产权到底归谁？单纯从法律意义角度来看，归继承人。但是，这种名义上的产权并无实际意义，因为继承人无法对财产进行任何形式的处置。只有办理完继承手续、过户完成之后，才算真正拥有遗产产权，才能自行处置。

反悔可能

被继承人已经无法反悔——继承是发生在其去世之后的事情。

但是，其他继承人可以提出继承异议，比如，某继承人没有对父母尽到赡养义务时，不应当分得遗产。这个过程依赖于继承人举证。

利益偏向

相对于买卖、赠与，继承最大的优势在于：对于父母而言，在去世之前，财产始终在自己手里，对个人利益有充分的保障。同时，对继承人形成了较强的约束。比如，对父母不尽赡养义务的子女，将失去部分或者全部继承权。当然，继承有法定继承、遗嘱继承、遗赠抚养协议几种情形，要真的利于被继承人，很好地实现继承，还应充分结合实际，对财产妥善地进行处理。

二、主要税费

买卖、赠与、继承三种处理财产的方式，没有绝对的优劣之分。从利益偏向角度，继承方式，对于父母来讲，总体上安全性和能动性是最强的，尤其针对那些子女不太孝顺的家庭，生前把财产掌握在自己手里，更为稳妥。但是，很多家庭把“怎样省钱”作为方式选择的目的和依据。比如，有些子女对父母说，早点买卖过户给自己，能省一大笔钱；千万别继承，今后有高额的遗产税……

三种处理财产的方式分别需要缴纳哪些税费？以房产为例。毕竟房产是绝大多数家庭最主要的财产。

1. “买卖”的主要税费

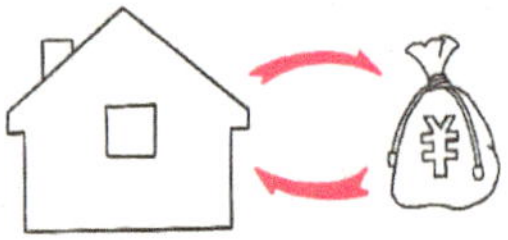

买卖

买卖中：卖方主要涉及增值税、个人所得税；买方主要涉及契税。

	税种	征收条件	税率
卖方	无	“满五唯一”①	不缴税
	增值税	房龄不“满二”②	5.6%
	个税	“满五不唯一”	全额1%或差额20%

① 根据《财政部、国家税务总局、建设部关于个人出售住房所得征收个人所得税有关问题的通知》(财税字〔1999〕278号)，“个人转让自用5年以上、并且是家庭唯一生活用房”的所得，免征个人所得税。

② 根据《财政部、国家税务总局关于调整个人住房转让营业税政策的通知》(财税〔2015〕39号)，“个人将购买2年以上（含2年）的普通住房对外销售的”，免征营业税。

续表

	税种	征收条件	税率
买方	契税	购房面积≤ $90m^2$	1%[①]
		$90m^2$ <购房面积≤ $140m^2$	1.5%
		有房或购房面积> $140m^2$	3%
备注：不同地区关于征收条件、征收税率可能存在差异。			

父母将个人名下商品住宅通过买卖的方式过户给子女，如果将买卖双方的税率总计计算，最低 1%，最高 9.6%。

- 过户房产对于父母而言“满五唯一”、子女无房、房产过户面积不超过 $90m^2$，同时满足上述三个条件的情况下，总计税率为 1%，即子女缴纳 1% 契税。
- 过户房产对于父母而言“不满二”、子女有房（或者房产过户面积）超过 $140m^2$，同时满足上述两个条件的情况下，总计税率为 9.6%，即父母缴纳 5.6% 增值税、1% 个税；子女缴纳 3% 契税。

这里涉及两个重要概念。

满五唯一

“满五唯一”，一是指“房龄”，二是指“套数”。“满五”，指的是以房产证、契税发票中较早之日起算，截至目前是否已经满五年；“唯一”指的是以家庭为单位、名下的房产数量（按照目前的做法，计入的是同一省份内房产的套数）是否仅此唯一一套。

“满五”的特殊情况。如果房子是通过继承或者赠与所得，房龄以继承或者赠与之前房产登记时间起算，而不是以继承或受赠完

① 根据财政部及税务总局发布的《关于契税法实施后有关优惠政策衔接问题的公告》(2021 年 9 月 1 日起执行)，对个人购买家庭唯一住房，面积为 90 平方米及以下减按 1% 税率征收契税等优惠政策继续执行。

成的房产证时间起算。

举个例子，如下。

父亲名下有一套房子，是继承爷爷的房产。当初爷爷买这套房子的时间是1995年1月1日。爷爷去世之后，父亲通过继承过户、办理房产证登记的时间是2018年1月1日。2019年，父亲打算把这套房子卖给儿子。这套房子对于父亲而言的房龄是从1995年1月1日起算，而不是从2018年1月1日起算。

“唯一”的计算方式。唯一，是以家庭为单位计算的名下普通商品住宅套数。其中，家庭成员包括夫妻与未成年子女。举个例子，如下。

男方婚前购买了一套住房，登记在个人名下。

男女结婚之后，打算再购买一套住房。因为家庭成员名下已经有一套房，不管这套房是个人的还是夫妻共同所有，所以再次购买，将作为第二套房计算。两个人寻思，干脆直接登记到孩子名下，这样夫妻二人还能省出一个指标。这时候就要看孩子是否成年。如果孩子已成年，不计入这个家庭名下房产套数；如果孩子未成年，依然计入这人家庭名下房产套数。

关于“唯一”的计算，还有两类特定情况。

- 一是非住宅类房产。以上所谈的“唯一”，针对的是普通商品住宅。如果家庭名下还有如商铺、门脸房等其他类型的房产，不计入“唯一”与否的计算范围。
- 二是宅基地房。宅基地房建立在集体宅基地之上，宅基地房不属于商品房，因此不计入“唯一”与否的计算范围。

计税基数

房产过户需缴纳税费，最基本的计算公式是计税基数乘以税率。

这个计税基数如何确定？比如，若父母把房产以“1元钱”卖给子女，岂不是几乎等于零税费了？实际上并不是这样计算的。计税基数有两个依据：一个是双方通过合同约定的交易价格，另一个是底价，即房产评估价格。计算税费，以二者中较高的作为计征基数。当然，如果自定价格高得离谱，也难以成交，因为涉及炒房嫌疑。

2. 赠与的主要税费

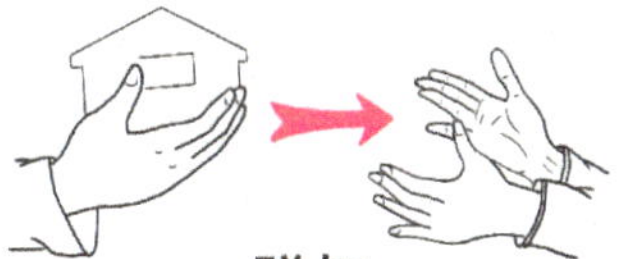

赠与

赠与是一种无偿行为，但受赠方需要缴纳契税，目前普遍是3%的税率。《契税法》中有相关规定。

第三条　契税税率为百分之三至百分之五。

契税的具体适用税率，由省、自治区、直辖市人民政府在前款规定的税率幅度内提出，报同级人民代表大会常务委员会决定，并报全国人民代表大会常务委员会和国务院备案。

省、自治区、直辖市可以依照前款规定的程序对不同主体、不同地区、不同类型的住房的权属转移确定差别税率。

亲属之间的赠与行为，是否可以免税？可以，但仅限于特定的亲属关系；夫妻之间相互赠与，免征契税。

第六条　有下列情形之一的，免征契税：

（一）国家机关、事业单位、社会团体、军事单位承受土地、房屋权属用于办公、教学、医疗、科研、军事设施；

（二）非营利性的学校、医疗机构、社会福利机构承受土地、房屋权属用于办公、教学、医疗、科研、养老、救助；

（三）承受荒山、荒地、荒滩土地使用权用于农、林、牧、渔业生产；

（四）婚姻关系存续期间夫妻之间变更土地、房屋权属；

（五）法定继承人通过继承承受土地、房屋权属；

（六）依照法律规定应当予以免税的外国驻华使馆、领事馆和国际组织驻华代表机构承受土地、房屋权属。

根据国民经济和社会发展的需要，国务院对居民住房需求保障、企业改制重组、灾后重建等情形可以规定免征或者减征契税，报全国人民代表大会常务委员会备案。

除此之外，比如父母赠与子女房产，均需缴纳契税，计税基数为房产评估价格。

3. 继承的主要税费

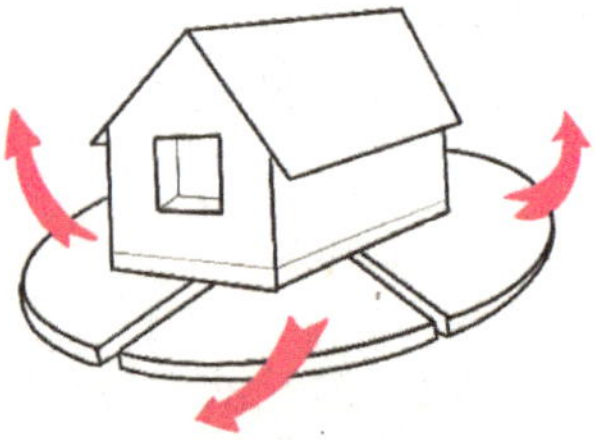

继承

继承方式下，费用全部由继承人承担，与被继承人无关。最低情况下，费用近乎为零。当然，如果走公证或者诉讼的方式，会涉及公证费、诉讼费的问题。

以公证继承为例，涉及主要的费用为公证费。收费标准如下。

财产继承、赠与和遗赠，按照收益额比例收。

- 20 万元以下的按照 2% 收取；
- 20 万—50 万元部分按照 1.5% 收取；

- 50 万—100 万元部分按照 1% 收取；
- 100 万元以上部分按照 0.5% 收取；
- 最低收费 200 元。

继承没有任何税。继承需要缴纳“遗产税”吗？时至今日，不需要。关于“遗产税”讨论了很多年，时至今日，依然没有任何征收的说法和政策依据。2017 年财政部关于某政协委员提案的官方回复中，已说明。

4. 再次转让时的税费

无论通过买卖、赠与还是继承，子女获得父母的房产之后，有可能会发生再次转让的情况。在大多数人的概念里，赠与或者继承所得房产，再次出售时需要交纳 20% 的个税。所以，如果算上二次处置的税费，赠与、继承这两种方式，对于子女来讲，成本太高了。

真是这样吗？并非如此。

以上这种说法，来自《国家税务总局关于加强房地产交易个人无偿赠与不动产税收管理有关问题的通知》中的规定。

受赠人取得赠与人无偿赠与的不动产后，再次转让该项不动产的，在缴纳个人所得税时，以财产转让收入减除受赠、转让住房过程中缴纳的税金及有关合理费用后的余额为应纳税所得额，按20%的适用税率计算缴纳个人所得税。在计征个人受赠不动产个人所得税时，不得核定征收，必须严格按照税法规定据实征收。

以上说的“无偿赠与”，包括“继承、遗产处分及其他无偿赠与不动产等三种情况”。

所以，有了这样的说法——受赠或者继承所得的房产再次转让的时候，需要交纳高额个税。

（转让价格－当初获取这套房产时相关税费）×20%且不能按照1%税率核定征收。所以，近乎全额的20%征收个人所得税。

事实上，此项规定已经废止。现行规定如下。

受赠人转让受赠房屋的，以其转让受赠房屋的收入减除原捐赠人取得该房屋的实际购置成本以及赠与和转让过程中受赠人支付的相关税费后的余额，为受赠人的应纳税所得额，依法计征个人所得税。受赠人转让受赠房屋价格明显偏低且无正当理由的，税务机关可以依据该房屋的市场评估价格或其他合理方式确定的价格核定其转让收入。

也就是说，继承或受赠所得房产，再次出售的时候，需要缴纳的个税，分两种核算方式。

“差额”征收：

（转让价格－房产原值－当初获取这套房产时相关税费）×20%

或者全额核定征收：

转让价格（按照市场评估价）×1%

这种计算个税的方式与房产买卖是一样的，不存在差别。此外，如果继承或者受赠房产属于“满五唯一”，免征个税。

《国家税务总局关于个人住房转让所得征收个人所得税有关问题的通知》（国税发〔2006〕108号）规定，对个人转让自用5年以上，并且是家庭唯一生活用房取得的所得，免征个人所得税。该通知源自《财政部、国家税务总局、建设部关于个人出售住房所得征收个人所得税有关问题的通知》（财税字〔1999〕278号），这一规定被称为“满五唯一”。

所以，无论是通过买卖、赠与还是继承的方式获取父母房产，当再次出售时，涉及的相关税费计算，并无差别。

三、三种方式的选择

如果以便宜、省钱作为选择方式的依据，未免失之偏颇。通过对比上述三种方式的税费可以看出：如果父母将自己的房产给子女，无论采取哪种方式，真正必须出费用的，其实都是子女；而且大部分费用在子女一方（“不满二”的房子出售除外）。所以，花钱，花的不是父母的钱；省钱，也不是为父母节省。因此，选择方式应该从父母的角度出发来考虑，父母要把自己的经济状况、未来是否会面临赡养问题等因素放在首位。

- 在不能肯定自己有无风险，比如房产提前过户给子女，未来可能会面临子女不孝、赡养难等风险的情况下，最好的方式是把财产掌握在自己手里。
- 在不想未来需要花大钱的时候手头紧张的情况下，最好的方式是把财产掌握在自己手里。
- 子女孝顺、家庭和谐，手头又比较宽裕的情况下，可以怎样方便、省钱怎样来。按照目前的办理程序，买卖、赠与相对模式化、标准化，办理起来比较简单；继承涉及的问题可能比较多，需要的程序、资料等相对复杂。

二　财产继承

99% 以上的家庭会面临财产继承问题。

只有以下两种情况，不会涉及继承问题：

- 没有任何个人合法财产；
- 没有任何继承人。

【案例故事】

明明只属于父母两个人的房子，父亲去世之后却多了两个“外人”

老冯老两口晚年生活很幸福。二人育有一儿一女，孩子们都已成家，还有了孙子，一家人其乐融融。

老冯是个孝子。母亲已经去世，老父亲80多岁，患上了阿尔茨海默症。他还有一个弟弟、一个妹妹。三兄妹中，老冯算是条件最好的。作为家中的长子，老冯把父亲接过来照顾。

一年冬天下大雪，老冯外出时不小心摔了一跤，撞到了头部，没有抢救过来。处理完后事之后，老冯的两个孩子商量着把父母名下的房子过户到母亲一个人名下。但因为爷爷患有阿尔茨海默症，办理不了，这事儿就先搁置下来了。

两年以后，老冯的父亲走了。送走爷爷，两个孩子开始办理房产过户的事情。孩子们的想法很简单，就是想给母亲一点心理慰藉，让母亲安心一点。

谁知到办理的时候才知道，麻烦了。现在房子归不归谁，已经不是他们和母亲商量的问题了，还得征求父亲的弟弟、妹妹的意思。本来自己家就能决定的事儿，却平白无故多出两个人，变成五个人商量。

更麻烦的是，父亲的弟弟、妹妹不同意，要求分得老冯家的房产。

这让一家人愤怒了。协商无果，一家人甚至想，干脆就拖着，大不了拖到叔叔、姑姑去世之后再办理。谁知打听后才知道，这样更麻烦，如果叔叔、姑姑去世，他们能分得的份额，还可以传给他们的继承人。

和叔叔、姑姑商量后，两个孩子出了一些钱，把叔叔、姑姑可继承的份额买了下来，最终才过户到母亲一个人名下。

为什么是这样的结果？很多人认为，房子是自己家的，一家人商量就行了；还有的人认为，夫妻二人的财产，一方去世，就自然全部归另一方所有，何必要外人参与？

根据法定继承的规定，老冯去世之后，他的父亲法定继承了老冯遗产的部分份额。因为老冯的父亲患有阿尔茨海默症，所以发生继承之后，无法自行对如何处置这部分份额做出表示，其他人也不能代替其做出表示。这部分份额，只能由老冯父亲继承。

老冯父亲去世后，这部分份额又转给他的法定继承人，包括老冯的弟弟、妹妹以及老冯（其去世之后，由子女代位继承对应的份额）。

人去世，其生前个人合法财产成为遗产，即发生继承。遗产，要么按照法定继承，由顺序继承人继承；要么按照遗嘱，由遗嘱指定的继承人（或受遗赠人）继承（或接受遗赠）。大概率情况下，遗产不会想当然地归谁。其中一旦出现代位继承、转继承等类似情况，就会给财产继承带来很多的困扰和麻烦。

既然有这些麻烦，能拖着不办理吗？最好不要。拖延的后果，只会增加更多的麻烦，因为继承权是可以继续流转的，未来可能涉及的、有权利分割的人会越来越多。

所以，对于很多家庭来讲，继承发生，不可避免。那么，如何继承？如何保护家庭成员的利益？这是真正需要认知、考虑清楚的问题。

一、关于继承的五个基础知识

几乎所有家庭都会发生继承。一个人去世后没有留下任何遗产的可能性不会太大。

1. 继承从什么时候开始？

继承的过程，其实是一个重新确定产权人和财产分配的过程。如果去世人生前没有对个人合法财产进行过户，去世之后，就必须办理继承。

人去世，即开始。

第一千一百二十一条第一款 继承从被继承人死亡时开始。

两大错误认知

- 不用办，没人争，就我一个继承人。不办理继承，即使只有一个继承人，继承人也不能不对财产进行任何处置。更何况，未来是不是会有更多的继承人，尚未可知。
- 不着急，现在办理太麻烦，等以后再说。现在嫌麻烦，今后办理可能越来越麻烦，流程一样不少，工作量还可能增加，不可能减少。甚至因为转继承的问题，当初说好放弃又反悔的问题，等等，导致少继承甚至继承不了。

过完户，即结束。

2. 两个非常重要的时间点

在财产继承中发生纠纷、争议的情况很常见，毕竟涉及的是巨额财产的分配问题。这也是反复强调抓紧办理的原因之一。在发生争议纠纷的情况下，有两个时间点一定要注意。

第一百八十八条 向人民法院请求保护民事权利的诉讼时效期间为三年。法律另有规定的，依照其规定。

诉讼时效期间自权利人知道或者应当知道权利受到损害以及义务人之日起计算。法律另有规定的，依照其规定。但是，自权利受到损害之日起超过二十年的，人民法院不予保护，有特殊情况的，人民法院可以根据权利人的申请决定延长。

三年。如果当事人发现自己的合法继承权被侵占，比如其他继承人偷偷过户了父母的房子，挪走了老人的存款，一经发现，如果在得知之日起三年内没有提起诉讼，法院不再保护其权利。

二十年。可以理解为“能够提起诉讼的最长有效期”，从个人合法权利受到侵害之日起，无论是否得知，超过二十年，法院将不再保护其权利。

3. 继承的三类情形

第一千一百二十三条 继承开始后，按照法定继承办理；有遗嘱的，按照遗嘱继承或者遗赠办理；有遗赠扶养协议的，按照协议办理。

- 遗赠扶养协议。指“自然人可以与继承人以外的组织或者个人签订遗赠扶养协议。按照协议，该组织或者个人承担该自然人生养死葬的义务，享有受遗赠的权利”。

- 遗嘱继承。指被继承人生前通过订立合法有效遗嘱指定继承人。遗嘱继承优先于法定继承。
- 法定继承。在没有遗赠扶养协议或合法有效遗嘱的情况下，按照法定继承执行。

本章二、三两节将主要围绕法定继承、遗嘱继承两种情形作相应介绍。

4. 继承成立的必要条件

继承成立的必要条件比较简单。

对于被继承人

生前有属于自己的个人合法财产，即留有遗产。

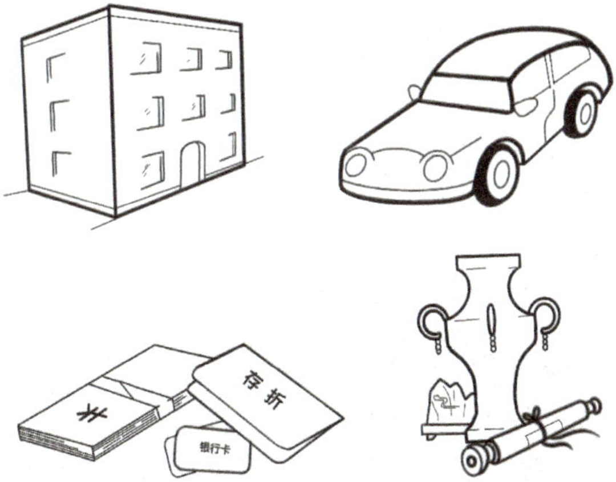

第一千一百二十二条第一款 遗产是自然人死亡时遗留的个人合法财产。

《民法典》中，对于遗产的界定更加宽泛，包含的范围也更广。

关于“个人合法财产”，很多人存在一些认知上的误区。现实中，有两种常见的容易“犯错误”的情况。

夫妻共同财产。婚后夫妻共同财产，即使登记在个人名下，比如房产仅登记一方名字，工资发到个人银行卡上，婚后住房公积金存在个人账户中……这些财产都属于夫妻二人共有。

夫妻共同财产情况下，一方去世，其中一半作为遗产；另一半为在世一方个人财产，不发生继承。

抚恤金、丧葬费等。有人经常问：抚恤金如何继承？抚恤金不能继承，因为其不属于遗产，并非逝者生前个人合法财产，而是在逝者去世之后，发给去世人家属的、具有抚慰性质的经济补偿。抚恤金、丧葬费等的分配，多数参照法定继承。

对于继承人

继承人，多数情况下是直系亲属。但是，因有无遗嘱、有无遗赠扶养协议，继承人可以是亲属，也可能是非亲属；可以是自然人，也可能是组织机构。但是，关于继承人，有三类“强制性”规定。

①不能继承——丧失继承权

第一千一百二十五条 继承人有下列行为之一的，丧失继承权：

（一）故意杀害被继承人；

（二）为争夺遗产而杀害其他继承人；

（三）遗弃被继承人，或者虐待被继承人情节严重；

（四）伪造、篡改、隐匿或者销毁遗嘱，情节严重；

（五）以欺诈、胁迫手段迫使或者妨碍被继承人设立、变更或者撤回遗嘱，情节严重。

继承人有前款第三项至第五项行为，确有悔改表现，被继承人表示宽恕或者事后在遗嘱中将其列为继承人的，该继承人不丧失继承权。

受遗赠人有本条第一款规定行为的，丧失受遗赠权。

②必须继承——为“双无”人员保留必要的份额

所谓“双无”，指的是无劳动能力、无生活来源。

第一千一百四十一条 遗嘱应当为缺乏劳动能力又没有生活来源的继承人保留必要的遗产份额。

③预留继承——为胎儿预先保留

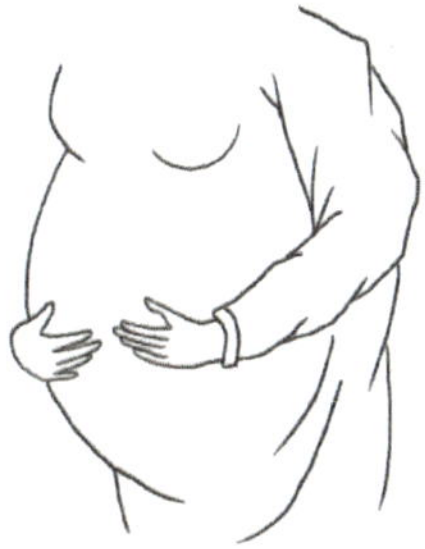

第一千一百五十五条 遗产分割时，应当保留胎儿的继承份额。胎儿娩出时是死体的，保留的份额按照法定继承办理。

除了上述三种情况，有关继承人范围、继承份额的规定，在一定程度上体现出价值观导向。

第一千一百三十条 同一顺序继承人继承遗产的份额，一般应当均等。

对生活有特殊困难又缺乏劳动能力的继承人，分配遗产时，应当予以照顾。

对被继承人尽了主要扶养义务或者与被继承人共同生活的继承人，分配遗产时，可以多分。

有扶养能力和有扶养条件的继承人，不尽扶养义务的，分配遗产时，应当不分或者少分。

继承人协商同意的，也可以不均等。

第一千一百三十一条 对继承人以外的依靠被继承人扶养的人，或者继承人以外的对被继承人扶养较多的人，可以分给适当的遗产。

- 多子女家庭中，为老人尽孝多的子女，可以主张多分；
- 对父母不孝的子女，可以少分或不分；
- 爷爷一直由孙子照顾，孙子作为非法定继承人，可以适当继承爷爷的部分遗产份额。

……

5. 继承办理途径

继承，笼统地划分，包括“无争议”和“有争议”两种情况。根据有无争议，主要包括四种途径。

①继承权公证

适用于继承人无争议的情况。继承人去公证处办理继承权公证，拿到继承权公证书。继承人凭借继承权公证书，去财产管理机构（如不动产登记中心、银行等）办理继承过户手续。

关于无争议情况下的继承，并非一定要办理继承权公证。

2016 年 1 月发布实施的《不动产登记暂行条例实施细则》中明确提出，继承权公证已不再是申办房产继承的必要条件，即取消强制公证。

只是目前无争议情况下的主流办理方式，依然沿袭原有的公证方式。

②直接办理

直接办理，适用于继承人无争议的情况，指继承人直接去财产登记管理机构办理继承手续的一种方式。目前这种方式主要适用于不动产（房产）继承。《不动产登记暂行条例实施细则》中有相关规定。

第十四条 因继承、受遗赠取得不动产，当事人申请登记的，应当提交死亡证明材料、遗嘱或者全部法定继承人关于不动产分配的协议以及与被继承人的亲属关系材料等，也可以提交经公证的材料或者生效的法律文书。

全部法定继承人（遗赠情况下，包括受遗赠人）携带如下材料，现场办理：

- 房产证明；
- 继承人个人身份证明；
- 继承人、被继承人亲属关系证明；
- 死亡证明（包括被继承人以及继承人中去世的人）；
- 遗嘱或者遗赠扶养协议。

③人民调解

人民调解，适用于继承人之间存在争议但尚未达到不可调和程度的情况。

人民调解的主要流程如下。

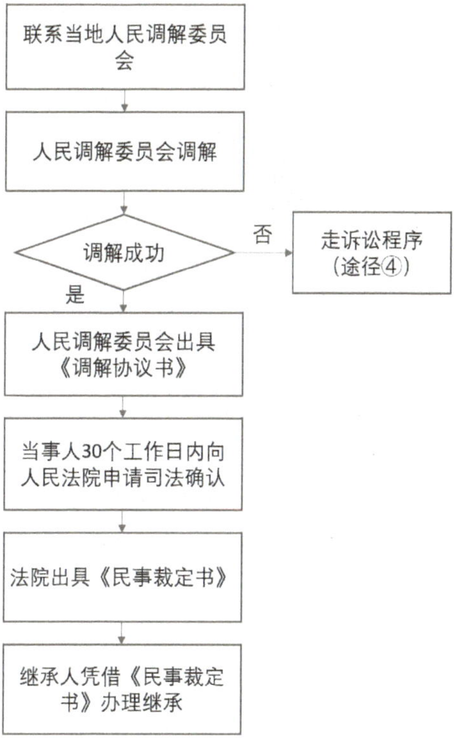

④诉讼

在继承人之间就遗产继承问题产生争议且无法协商一致的情况下，只能通过诉讼的方式解决。

本是一家人，却因为财产分配的事情打官司，恐怕是任何家庭都不愿意看到的结果。但是，因为财产数额巨大，太有诱惑力，甚至有的人只是为了争一口气，不得不对簿公堂。但最终结果无论输赢，哪怕赢了财产，恐怕也输了亲情。所以，财产分配，其实分的不是财，而是人。

诉讼的结果是法院出具的《法院判决书》。继承人凭借判决书，再去相关的财产管理机构办理房产过户、存款支取等相关业务。

二、法定继承

如果去世人生前没有留下合法有效遗嘱，且没有遗赠扶养协议，就要按照法定继承进行遗产分割。继承人，按照法定继承人的顺序和范围确定；继承份额，原则上由继承人均分。

第一千一百二十七条 遗产按照下列顺序继承：

（一）第一顺序：配偶、子女、父母；

（二）第二顺序：兄弟姐妹、祖父母、外祖父母。

继承开始后，由第一顺序继承人继承，第二顺序继承人不继承；没有第一顺序继承人继承的，由第二顺序继承人继承。

本编所称子女，包括婚生子女、非婚生子女、养子女和有扶养关系的继子女。

本编所称父母，包括生父母、养父母和有扶养关系的继父母。

本编所称兄弟姐妹，包括同父母的兄弟姐妹、同父异母或者同母异父的兄弟姐妹、养兄弟姐妹、有扶养关系的继兄弟姐妹。

1. 顺序继承人

第一顺序继承人

假设四兄妹中，老大去世。老大的妻子、儿子、父母均在世。按照法定继承，继承人包括妻子、儿子、父亲、母亲四人。老大的遗产份额，原则上由四人均分，每人继承 1/4 份额。

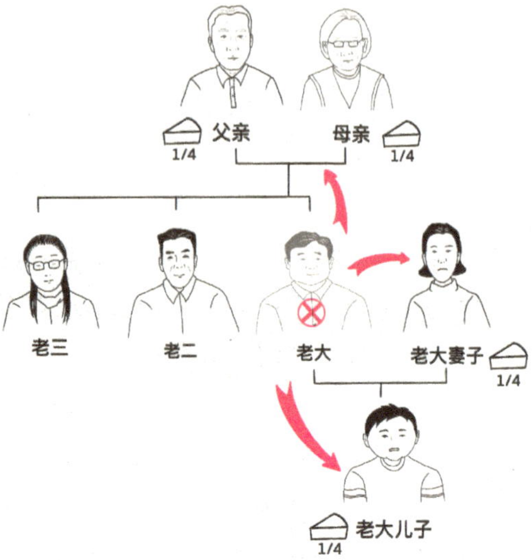

第二顺序继承人

假设三兄妹中，老大去世。老大终身未娶，没有子女。老大去世的时候，父母均已去世，但是祖父还健在。按照法定继承，因为没有第一顺序继承人，所以其遗产由第二顺序继承人，即老二、老三、祖父继承。原则上，老大的遗产由三人均分，每人继承 1/3 份额。

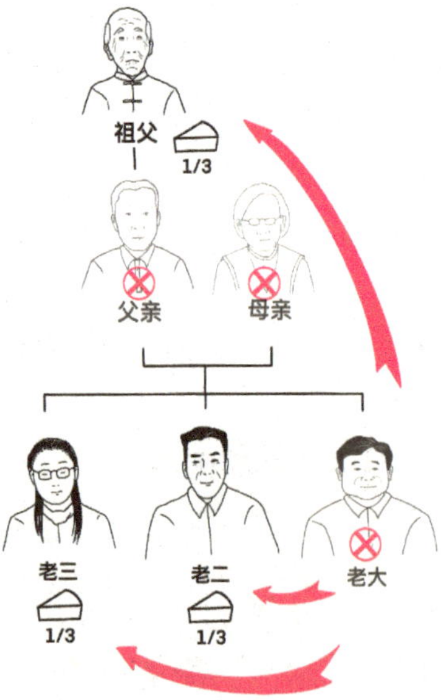

2. 法定继承情况下的三种特殊结果

代位继承

假设老大先于父亲去世。

父亲去世之后，父亲的遗产将由三个子女、母亲等四人继承，每人继承 1/4 份额。

其中，因为老大已经去世，所以老大应继承的 1/4 份额，将由其儿子“代位继承”。

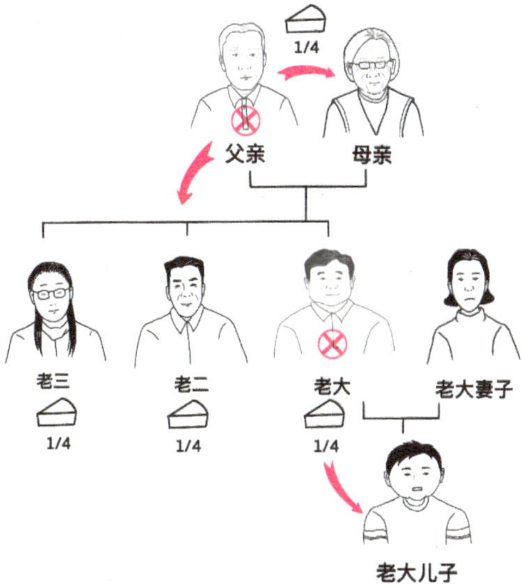

在原《继承法》中，只有第一顺序继承人有代位继承人。在《民法典》中，又追加了第二顺序继承人的代位继承人。

假设老大去世，老大又终身未娶，没有子女。且老大去世的时候，父母均已去世，老三也已去世，但是祖父还健在。按照法定继承，老大的遗产，将由第二顺序继承人，即老二、老三和祖父继承。

因为老三在老大之前就已去世，因此，老三应继承的份额部分，将由她的女儿“代位继承”。

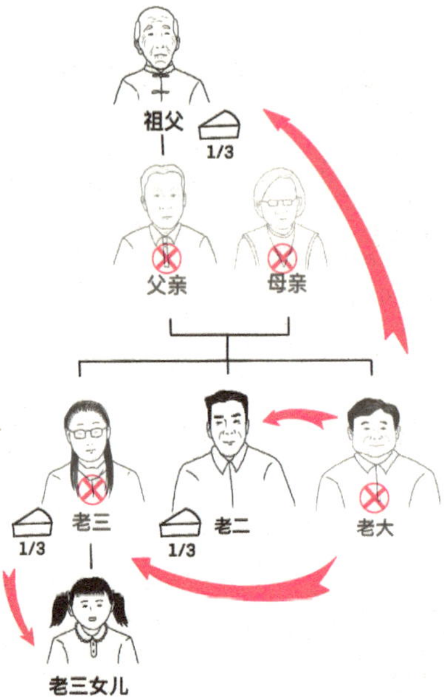

第一千一百二十八条 被继承人的子女先于被继承人死亡的，由被继承人的子女的直系晚辈血亲代位继承。

被继承人的兄弟姐妹先于被继承人死亡的，由被继承人的兄弟姐妹的子女代位继承。

代位继承人一般只能继承被代位继承人有权继承的遗产份额。

注意代位继承的触发条件以及有关继承份额的规定：

- 继承人先于被继承人去世。
- 继承人留有子女。

- 继承人子女有代位继承权。继承份额为继承人可继承的份额。

儿媳／女婿继承

第一千一百二十九条 丧偶儿媳对公婆，丧偶女婿对岳父母，尽了主要赡养义务的，作为第一顺序继承人。

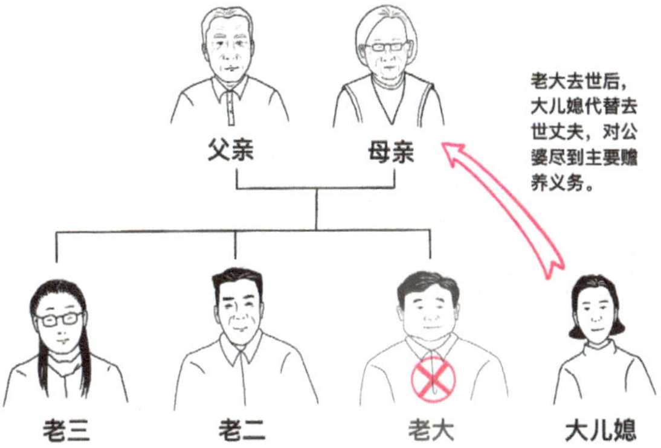

假设三个子女中，老大先去世。老大去世之后，老大的妻子代替丈夫，对公婆尽到主要赡养义务，则老大的妻子将作为第一顺序继承人，可继承公婆遗产。《老年人权益保障法》中有相关规定。

第十四条 赡养人应当履行对老年人经济上供养、生活上照料和精神上慰藉的义务，照顾老年人的特殊需要。

赡养人是指老年人的子女以及其他依法负有赡养义务的人。

赡养人的配偶应当协助赡养人履行赡养义务。

子女对父母具有法定赡养义务。作为子女的配偶，定位是协助配偶，并没有强制性的赡养义务。在《民法典》中规定的法定顺序继承人中，也没有儿媳、女婿这类角色。从这一点来看，《民法典》是充分鼓励“孝道文化”的。

转继承

第一千一百五十二条 继承开始后，继承人于遗产分割前死亡，并没有放弃继承的，该继承人应当继承的遗产转给其继承人，但是遗嘱另有安排的除外。

假设老大去世了，生前没有留下合法有效遗嘱。老大的妻子、儿子、父亲、母亲将作为法定继承人，每人继承 1/4 份额。

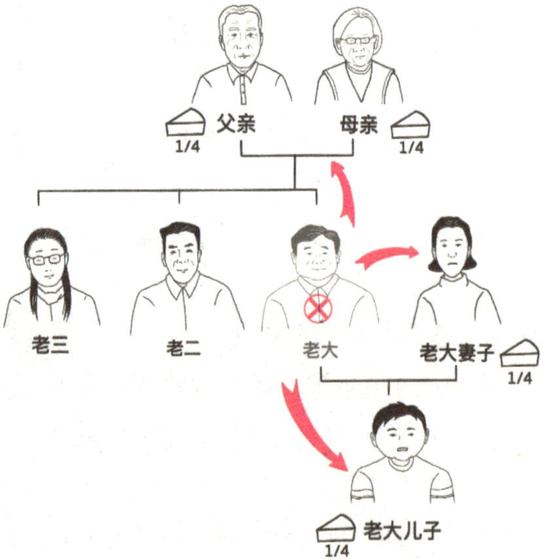

父母没有放弃继承权，也未办理继承手续。随后，老大父亲去世了。按照法定继承，老大父亲有的这份继承权，将再次由他的法定继承人继承，包括母亲、老二、老三以及老大儿子（代位继承）。

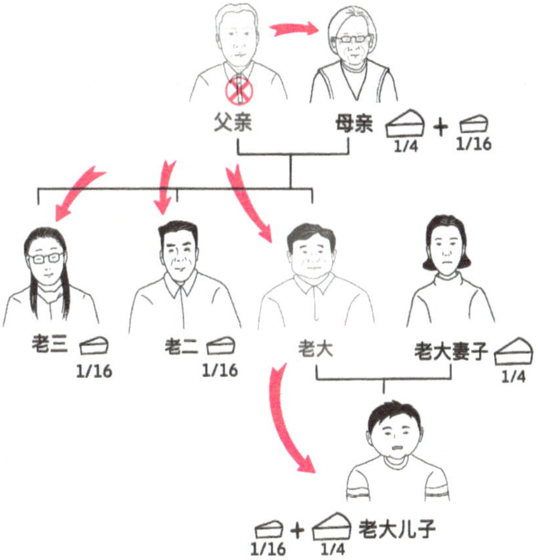

这就是现实中会发生“七大姑八大姨”来分自己父母遗产的原因。

3. 法定继承权情况下的份额分配

法定继承情况下，所有合法的法定继承人，享有均等继承权。

第一千一百三十条第一款　同一顺序继承人继承遗产的份额，一般应当均等。

以下通过三个示例，说明法定继承情况下继承人的确定和继承份额的计算过程。

示例（一）

小王的父母有一套共有房产，爷爷、奶奶、姥姥、姥爷均已去世，小王是独生子。假设父亲去世：

- 小王父亲在房产中的自有份额为 1/2。当父亲去世之后，这 1/2 份额变成了遗产。
- 小王父亲的法定继承人包括小王和小王母亲，各自继承的份额 =1/2 的遗产份额 ÷2=1/4。
- 所以这时候房产份额结构为：
- 小王母亲 =1/2 自有份额 +1/4 继承份额 =3/4。
- 小王 =1/4 继承份额。

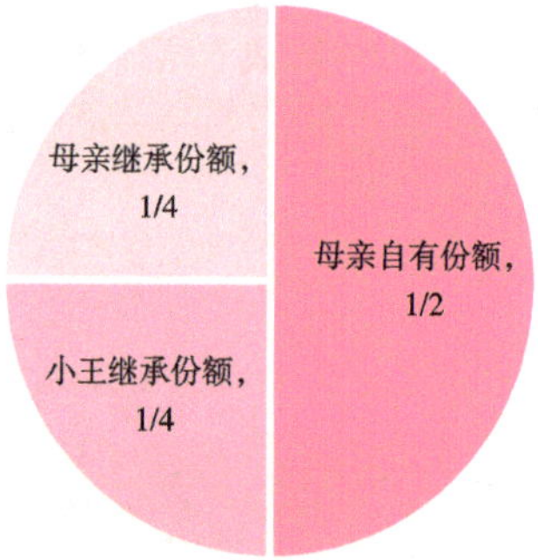

示例（二）

小王父母有一套共有房产。小王的奶奶还在世，爷爷、姥姥、姥爷均已去世。父亲兄弟三人，还有两个弟弟，其中大弟弟早年已经去世，留下一儿一女。假设父亲去世之后没有办理继承手续，随后奶奶又去世了。

- 小王父亲在房产中的自有份额为 1/2。

- 小王父亲的法定继承人包括小王、小王母亲、小王奶奶，各自继承遗产的1/3，即整个房产的1/6。
- 奶奶随后去世，她继承的1/6，将由三个儿子平均继承，各自1/18。其中，小王的父亲已经去世，小王代位继承这1/18；小王的大叔也已去世，他的两个孩子继承1/18，各自1/36；小王的小叔继承1/18。

因此，现在小王父母房产的份额分配情况是：

- 母亲=1/2自有份额+1/6继承份额=4/6，即2/3。
- 小王=1/6继承父亲份额+1/18继承奶奶份额=4/18，即2/9。
- 小王小叔=1/18继承奶奶份额。
- 小王大叔两个孩子合计=1/18继承奶奶份额，各自1/36。

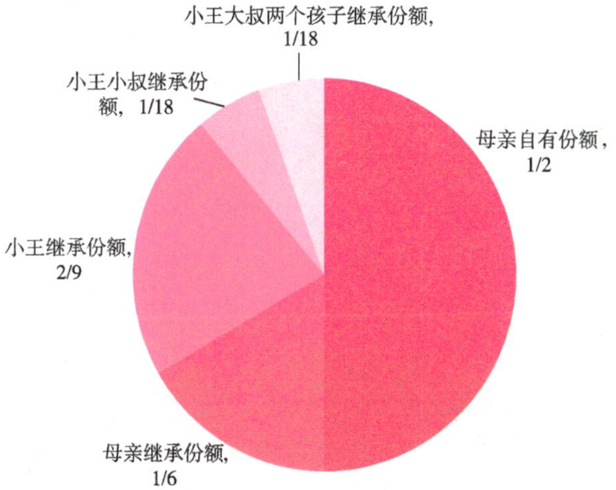

示例（三）

小王的父母都是二婚。父亲与前妻有一个孩子，母亲与前夫有一个孩子。各自的孩子与对方均不存在扶养关系。小王的父母结婚之后，共有一套房产。小王的爷爷、奶奶、姥姥、姥爷均已去世。

- 父亲先去世。父亲去世后，法定继承人包括小王、小王母亲，还有小王父亲与前妻的孩子，合计三人，各自继承父亲遗产份额的1/3，即整个房产的1/6。
- 后来小王母亲去世。她在这套房子中合计2/3的份额（包括自有1/2份额和继承父亲的1/6份额），由小王、母亲与前夫所生孩子继承，各自1/3。

最终的份额分配是：

- 小王=1/6继承父亲份额+1/3继承母亲份额=1/2。
- 父亲与前妻的孩子=1/6继承生父份额。
- 母亲与前夫的孩子=1/3继承生母份额。

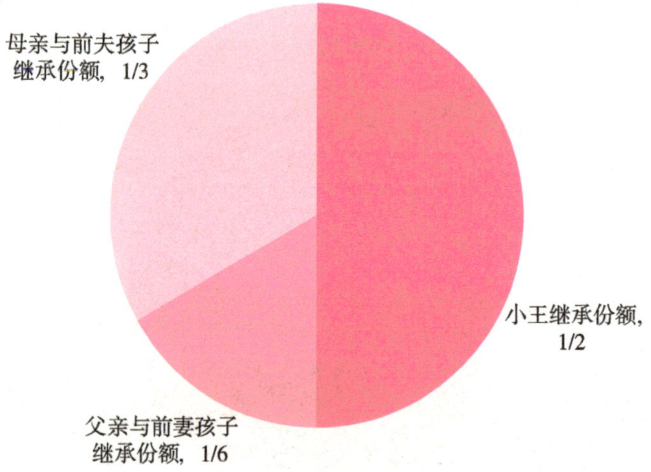

三、遗嘱继承

通过上面三个例子可以看出，由于家庭结构不同，法定继承情况下可能会导致：原本属于父母的财产，因为以亲属关系为继承依据，有越来越多的人参与到财产分配中。甚至更不被人接受的是，即使是对财产的积累没有贡献的人，也可能会合法地分走部分份额。

有什么方法可以避免上述不尽如人意的结果产生吗？

有，一份合法有效的遗嘱就可以。相对于法定继承，遗嘱继承最大的特点体现在三个方面。

遗嘱继承先于法定继承。生前有合法有效遗嘱的，按照遗嘱继承。没有留下合法有效遗嘱，才会按照法定继承执行。

遗嘱继承更有利于把财产给到该给的人，给到自己想给的人。合法有效遗嘱的作用，就是通过生前指定的方式，去世后将遗产给到自己真正想给的人。

遗嘱继承人的范围要广很多。遗嘱打破了法定继承按照“家庭关系”确定继承人的原则，可以指定法定继承人、非法定继承人甚至机构等作为继承人。

以下罗列 8 种常见的家庭情况，比较法定继承和遗嘱继承的区别。

- 简单的“三口之家”；
- 独生子女家庭，子女已结婚；
- 多子女家庭；

- 三代同堂，父辈多兄弟姐妹；
- 祖孙三代“单传”；
- 离异后再婚的家庭；
- 晚年再婚家庭；
- 祖辈想把财产留给孙辈。

1. 简单的“三口之家”

这是一种最简单的家庭结构：三口之家，父母健在，独生子女尚未结婚，祖辈均先于父母去世。

假设父母有一套共有房产，父亲先去世。

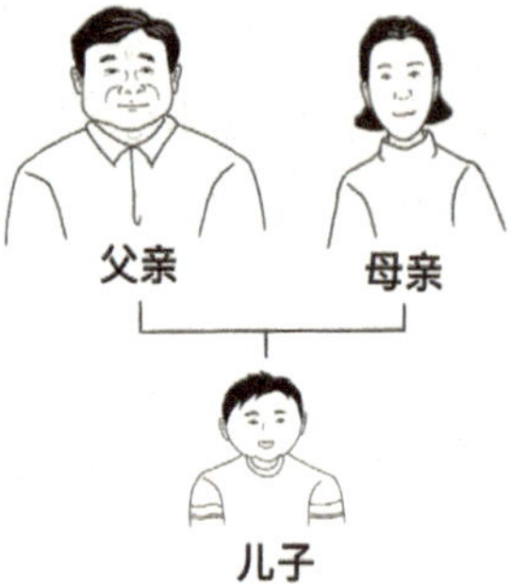

法定继承	遗嘱继承
• 母亲、儿子为法定继承人，各自继承父亲遗产份额的 1/2。即母亲有房产中 1/2 的自有份额、1/4 的可继承份额；儿子有 1/4 的可继承份额。 • 继承人如果不自愿书面放弃，且未发生丧失继承权的行为，必然有房产份额。	• 父亲生前通过合法有效遗嘱，指定继承人，去世后的遗产份额将由指定继承人继承，比如全部指定给妻子继承。 • 当然，指定的继承人也可以选择放弃。

这种家庭结构，如果父母与子女和谐融洽、关系亲密，法定继承、遗嘱继承的区别不大。

但是，如果子女对父母不那么孝顺，或者夫妻感情不那么融洽，当一方去世后，遗产是留给在世配偶，还是留给独生子女，两种继承方式就会产生不同的结果。

2. 独生子女，子女已结婚

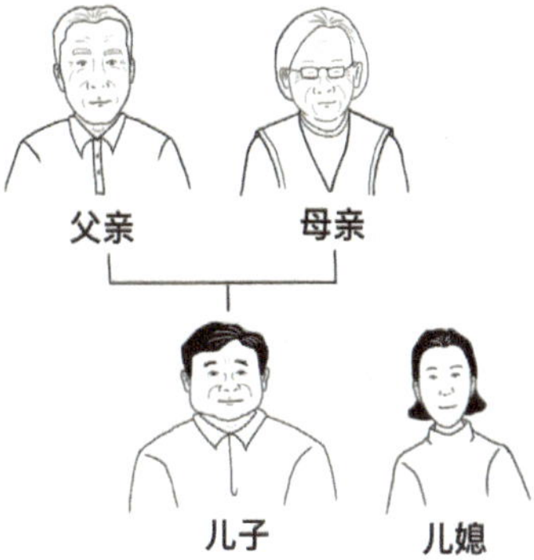

独生子女家庭，祖辈均先于父母去世，子女已经结婚。
假设父母有一套共有房产，先后去世。

法定继承	遗嘱继承
• 父母去世后，独生子女作为唯一法定继承人，继承全部。 • 子女法定继承所得，属于夫妻共同财产。	• 父母生前通过合法有效遗嘱，指定由自己的孩子个人继承，孩子继承所得，属于其个人财产。

当祖辈均已去世的情况下，独生子女作为父母的唯一法定继承人，可以继承全部。

但是，独生子女法定继承之后的财产，将属于夫妻共同财产。按照法定继承，并不能认定为父母“明确只给到自己子女”（详见《民法典》第一千零六十二条、第一千零六十三条）。

所以，对于子女婚姻不太稳定的家庭，一份合法有效的遗嘱，可以避免父母财产外流的情况：父母通过遗嘱，指定由自己子女个人继承。

3. 多子女家庭

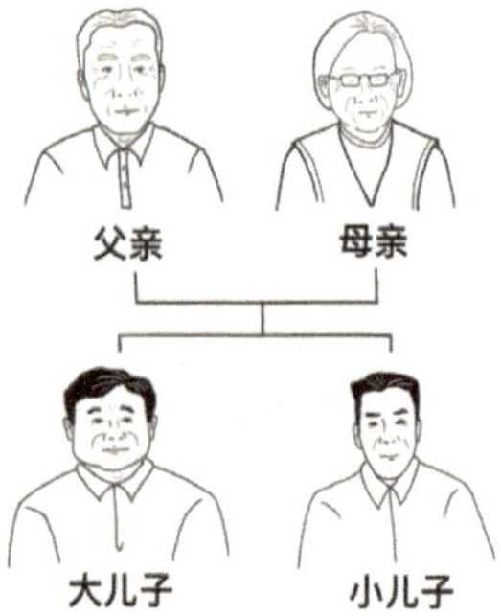

这是一种比较简单的多子女家庭结构，祖辈均先于父母去世。假设父母有一套共有房产。在父亲先去世的情况下。

法定继承	遗嘱继承
• 母亲、两个孩子为法定继承人，各自继承父亲遗产份额的 1/3，即母亲有 1/2 自有份额，以及 1/3 可继承份额；两个子女各自有 1/3 可继承份额。 • 在子女之间没有争产念头、子女对老人都很孝顺的情况下，法定继承是公平的。	• 多子女家庭，有时候容易产生孝敬程度不一、父母喜爱程度不一等情况。 • 遗嘱，可以提前指定继承人，比如将个人财产都留给老伴儿，或者指定给孝顺子女。

多子女家庭中，如果子女们对老人都很孝顺，从父母的角度来看，均分遗产会更公平；但是如果孝敬程度不一，按照法定继承均分财产，恐怕对于子女而言，就显得不那么公平。

要充分认识到：平均，可能是最大的不公平；把财产给到值得保护的人、应该得到的人，才是最大的公平。

4. 三代同堂，父辈多兄弟姐妹

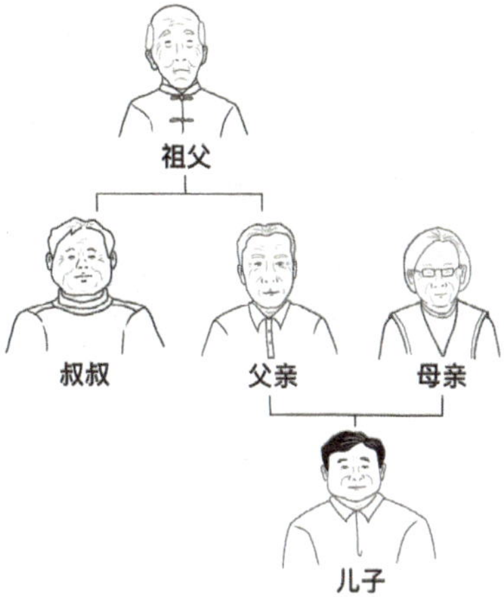

祖孙三代，父亲还有一个亲弟弟。父母有一套共有房产。假设父亲先去世，去世的时候爷爷还在。

法定继承	遗嘱继承
• 爷爷、母亲、独生子作为法定继承人，共同继承父亲的遗产部分。因此，母亲有 1/2 自有份额、1/6 可继承份额；独生子、爷爷各自有 1/6 可继承份额。 • 如果爷爷去世，他的 1/6 可继承份额，将由叔叔、父亲的独生子法定继承，各自继承 1/12。即父母房产中的 1/12，被叔叔分走。	• 父亲生前通过合法有效遗嘱，指定独生子或者母亲为唯一继承人，去世后遗产份额将全部由其继承。 • 对于复杂的家庭结构，通过遗嘱，可以避免家产的分散，是让家产依然在自己的小家中传递的最好方式。

这种类型的家庭结构，有可能发生“转继承”的情况，即独生子女不能全部继承父母财产、独生子女要和“七大姑八大姨”分亲生父母的财产。

5. 祖孙三代“单传”

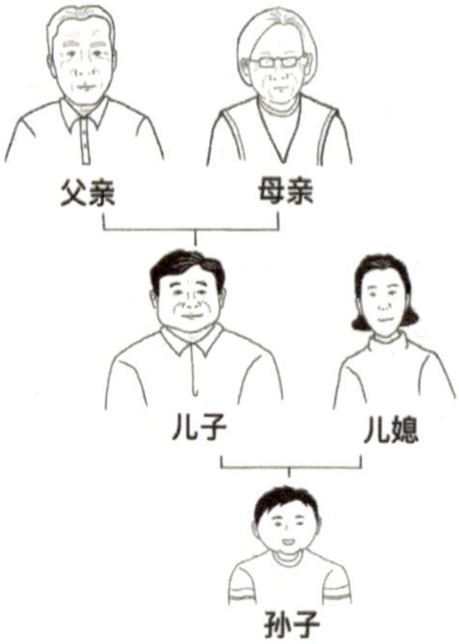

儿子、孙子都是单传。这种情况下，财产一般会父传子、子传孙。儿子、儿媳有一套共有房产，最终要留给孙子。

假设儿子先去世。

法定继承	遗嘱继承
• 儿子去世后，房产中他的一半份额，由儿媳妇、父亲、母亲、孙子四人平均继承。 • 当父母去世之后，他们继承儿子的份额，由孙子代位继承。所以，儿子的财产最终还是继承到孙子名下。	• 如果儿子生前订立一份合法有效遗嘱、指定自己的妻子或者子女继承，就不会由父母继承，相应地，同一部分财产，不会发生两次继承才归到孙子名下。

类似这样的家庭结构，可能面临的问题是：按照法定继承，当发生继承时，财产会分割得很散，而且同一份财产可能会在不长的时间间隔内发生两次继承。

6. 离异后再婚的家庭

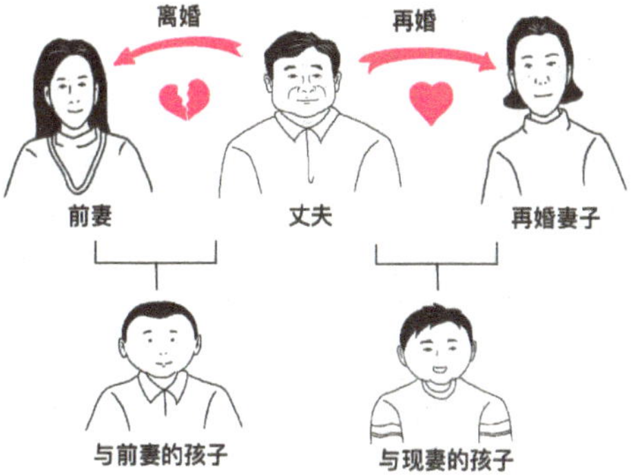

男方与前妻有个孩子，离异时“净身出户”，孩子、财产都归前妻。后来认识了现任妻子。两人再婚之后，从一穷二白开始打拼，共同购买了一套房产，生了一个孩子。

假设男方去世。

法定继承	遗嘱继承
• 男方去世之后，再婚妻子、与现妻的孩子、与前妻的孩子，均为其法定继承人，各自继承遗产的 1/3 份额，即男方与再婚妻子共同购买的房产中，会有 1/6 份额分给与前妻所生的子女。 • 再婚妻子不理解：本来是我们从一穷二白打拼奋斗购买的房子，为什么要被分走？	• 如果男方生前订立一份合法有效遗嘱，将财产中自己的份额指定给再婚妻子继承，让本来共同打拼获得的财产回到“来”的地方，或许能让再婚妻子更安心一些。

再婚家庭是一个容易发生继承纠纷的家庭结构类型，尤其是针对再婚之前曾有过子女的情形。

对于再婚家庭，不仅要考虑财产怎样分的问题，还应当考虑财产怎样“来”的问题。

7. 晚年再婚家庭

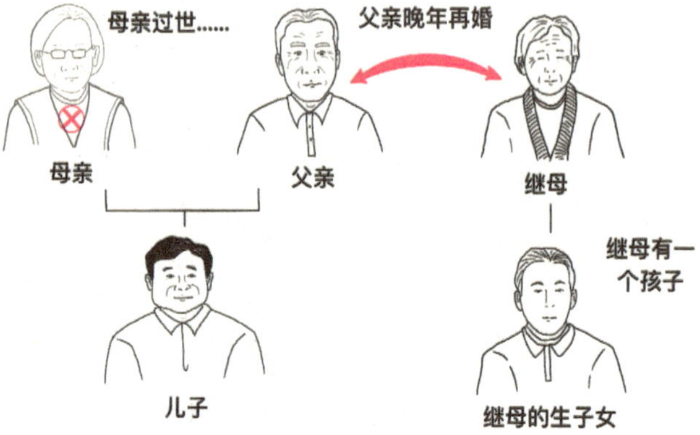

母亲去世之后，父亲晚年再婚，继母也有一个已经成年的子女。两人结婚之后，住进了父亲与生母共有的房产。

假设再婚之后，父亲先去世，继母后去世。

法定继承	遗嘱继承
• 父亲在整个房产中的份额为 3/4（包括自有 1/2 和继承母亲的 1/4）。去世后，将由儿子、继母继承，各自 3/8。 • 继母去世后，她的 3/8 份额将全部由她自己的子女继承。 • 亲生父母的房子，有 5/8 份额留给自己，3/8 的份额被继母的孩子分走。	• 如果父亲希望将个人财产全部留给自己的孩子，解决方法就是生前订立合法有效遗嘱。

晚年再婚家庭有一个非常重要的特征：多数情况下，再婚双方都有已经成年的子女，即继父母与继子女之间不存在扶养关系。法定继承情况下，晚年再婚家庭很可能发生“谁先走，谁的孩子吃亏”的情况。

8. 祖辈想把财产留给孙辈

爷爷、奶奶有一套共有房产，但是打算在去世后全部留给孙子。

假设爷爷、奶奶去世。

法定继承	遗嘱继承
• 爷爷、奶奶的房子，孙子继承不了（除非代位继承），因为孙子不是法定继承人。 • 如果要实现老人心愿，只能由父亲先继承，然后通过买卖、赠与或者继承的方式，将房产给到孙子。	• 爷爷、奶奶在去世之前分别订立合法有效遗嘱，将自己的财产遗赠给孙子。 • 在爷爷、奶奶去世之后，孙子按照遗嘱，即可以通过接受遗赠的方式，直接得到爷爷、奶奶的房产。

现实中，“隔辈亲”的情况很多。

祖辈想在去世后直接把财产留给孙辈，最好的方式就是订立一份遗嘱，将自己的财产遗赠给孙辈。否则，但凡有子女在，财产就不能直接留给孙辈。

通过 8 种常见家庭情况的比较可以看出，法定继承与遗嘱继承之间的区别，主要体现在四个方面。

	法定继承	遗嘱继承
继承人范围	按照法定继承人范围确定	可以任意指定，与法定继承人范围无关
继承依据	亲属关系； 不受去世人个人意愿影响	完全按照去世人生前的个人真实意愿
分割方式	原则上均分	可以任意指定，全部、部分均可
继承结果	如果继承人在婚内，继承所得为夫妻共同财产	可以指定由遗嘱继承人个人继承，不作为夫妻共同财产

因此，一份合法有效遗嘱，作用有三种。

一是指定继承人和继承份额。遗嘱继承打破了法定继承以人为中心的、以血缘为依据的继承关系。通过遗嘱指定继承人，体现的是个人的真实意愿：想给谁就给谁，想给多少就给多少。

二是保护被继承人自己。财产不是自然应该分给继承人的。通过遗嘱，谁对自己好就把财产留给谁，这种行为本身就对被继承人形成了一种保护，对继承人形成了一种约束。想继承父母财产，就对父母好一点。遗嘱，是被继承人保护自己非常重要的筹码。

三是鼓励和尊重孝道传承。中国传统文化一直强调“百善孝为先”。通过遗嘱，将财产留给孝顺子女，不仅是一种物质奖励，更是一种鼓励“孝道文化”传承的方式。

遗嘱继承，更适合哪些家庭情况？

遗嘱继承，适用于“不打算让法定继承人人人有份、人人均分”的家庭。具体来讲，主要包括以下6种情况。

- 多子女，对自己不孝或者孝顺程度不一的。想让真正尽孝的、尽孝多的子女继承或者多继承。
- 孩子婚姻不稳定的。子女通过法定继承所得的财产，属于子女夫妻共同财产；而遗嘱可以指定由子女个人继承，作为子女个人财产。

- 上辈健在、自己多兄弟姐妹的。万一自己先离世，很可能发生叔姑舅姨与自己子女争财产的情况。
- 曾有多段婚姻的。比如再婚家庭，尤其是再婚前有子女的，如果有特定的分配意愿，依靠法定继承，恐怕解决不了。
- 希望能够提前保护好配偶的。比如，一方去世，子女与在世一方争夺财产的案例并不鲜见。要想提前保护好另一半的权益，最好的方法就是订立一份遗嘱，把自己的财产指定给配偶继承。
- 想把财产留给非法定继承人之外的。比如，爷爷想把财产留给孙子的，晚年子女不养、全依靠侄子或外甥照顾的，类似的情况按照法定继承，要么给不到，要么只能适当。

常见问题解答

问：父母已经去世，父母的房子不办理继承可以吗？

答：可以。前提是不在乎父母的房产。

父母的房子的产权人是父母。当父母去世之后，如果不办理继承，最直接的后果是：任何人都无权处置（如出售、出租等）房产。即使仅仅用来居住，如果有人提出异议，连居住权也无法独自享有。

而且，如果一直拖着不办理，后续涉及的继承人会越来越多，引起纠纷争议的可能性也会越来越大。最终导致的结果是：房产份额四分五裂，该分得财产的人分不全，对房产没有贡献的人反而能分得份额。

问：父亲去世，房本上登记的是母亲的名字，是不是房子就归母亲一个人？还需要办理继承吗？

答：不一定，最好办理继承手续。

如果房产属于母亲个人，就不存在继承问题，因为房子不是父亲生前的个人合法财产。

但是，多数情况下，父母的房子都属于夫妻共同财产，即使房本上登记的是一个人的名字。如果父亲在房产中有份额，不可能自然归属于母亲一个人，因为父亲的合法继承人一般不只有母亲一人。

在父亲的继承人不只母亲一人的情况下，如果不办理继承手续，房产无法进行任何形式的处置，包括出售、出租，甚至未来房子发生拆迁，谁来享受补偿，恐怕都是麻烦事。

问：我和前夫离婚很多年了，当时我俩的孩子判给了我。现在他去世了，他的财产孩子能继承吗？

答：法定继承情况下，可以。

根据《民法典》的规定，子女是第一顺序继承人。其中，子女的范围包括婚生或者非婚生的生子女、养子女、有扶养关系的继子女。您提到的孩子，属于婚生子女，有法定继承权。

但是，如果前夫生前留下了合法有效遗嘱、指定的继承人不是您的孩子，那么孩子就没有继承权，因为遗嘱继承先于法定继承。

问：父亲去世了，母亲还在。我想把父母的共同房产都过户到自己名下，怎么办？

答：这恐怕不是自己一厢情愿就能实现的。

父亲去世之后，首先要做的工作，是抓紧办理父亲遗留房产份额的继承手续。

但是，这里存在两个问题：

其一，父亲的法定继承人。父亲的法定继承人至少有两个，或许更多。如果这些继承人中，有人不同意放弃，就意味着您无法一个人继承所有的遗产份额。

其二，即使其他继承人都同意放弃，房子中还有母亲的一半份额。这一半份额属于她自有，想都过户给您，只能通过买卖或者赠与方式，或者等到母亲去世之后再继承。

所以，这取决于两个关键点才能实现：能够继承父亲遗产的全部份额，母亲自愿将自己的份额过户。两个条件，缺一不可。

问：父母的房子，是生前过户给子女好，还是留给孩子继承好？

答：不能绝对定义好与坏。

这个问题，要从两个角度来考虑：经济角度、风险角度。

绝大多数家庭，考虑的都是经济因素，比如哪种方式更便宜、更省钱。其实这样考虑问题是片面的。要知道，财产攥在自己手里，对于自己而言是风险最小的。

生前就将房产通过买卖或者赠与的方式给到子女，房产已经不属于父母，意味着父母失去了财产。即使存在追回的可能，也会带来诸多麻烦。尤其是针对步入晚年的老年人，这样做恐怕会丧失自己晚年养老的经济依靠。

晚年生活保障，才是父母应当重点考虑的问题。当然，对于子女孝顺的家庭，生前过户，确实能避免一些未来发生继承时的麻烦。

所以，选择上，要结合自身的家庭情况而定，不能一概而论。

问：只要有父母留下合法有效遗嘱，是不是财产就属于遗嘱继承人、不用办理继承手续了？

答：不是。

还是要回到遗嘱作用这个出发点。遗嘱和继承，是两个完全不同的概念。

遗嘱，最关键的作用是提前指定继承人，圈定继承人范围。但是，遗嘱替代不了继承。继承，解决的问题是把财产真正落到继承人名下，手续还是要办的。

问：我大伯一直由我照顾，他自己的孩子不闻不问。我可以继承大伯的遗产吗？

答：可以。

财产继承，有明确的价值观导向。赡养老人，本身就是值得倡导的美德。

作为大伯的侄子，虽然对大伯没有赡养义务，而且不是法定继承人，但是如果这个问题换个角度来问：大伯那些没有尽赡养义务的子女，该不该分得遗产？如果分得了，那么到底是在倡导什么，摒弃什么？

所以，侄子为大伯尽了赡养义务，完全可以合法、合德地继承大伯的遗产份额。至于能继承多少，这没有严格的标准。要么通过继承人之间的协商，要么通过诉讼的途径，争取自己的合法权益。

问：父亲去世，我是独生子，父亲在银行的存款，我能直接取出来吗？

答：没办理继承手续的情况下，不能合法支取。

很多家庭面临这种问题：为什么父母的存款，一旦父母去世，作为子女想取出来就那么费劲？

其实不是费劲，而是为了保护去世人的财产安全。

我们举个例子：子女去取钱，谁能够证明取钱人是唯一、合法的继承人？万一是偷偷取钱，最终的结果就会损害其他继承人的合法权益，也是对去世人极大的不尊重。

因此，想取出去世父母在银行中的存款，唯一的合法途径是先办理继承手续，然后持继承权证明，去银行办理存款的支取业务。这在《储蓄管理条例》中有明确、严格的规定。如果通过其他方式取出存款，一旦发生争议，就要承担民事责任。

问：父母都已经去世20多年，留下来的房子还能办理继承吗？

答：只要房产属于老人的合法财产，就可以办理。

继承，没有所谓的“有效期”一说，不能说“多少年之内不办理继承，财产就不能继承了”。

但是，在继承过程中，有两个时间点比较重要：3年、20年。其中，20年指的是最长诉讼时限。如果父母去世超过20年，一直没有办理继承，就要按照遗嘱继承（如果父母生前留下合法有效遗嘱），或者法定继承（父母没有留下合法有效遗嘱）来执行。即使继承人之间存在争议，也不再予以保护。

问：我的叔叔、姑姑要来分我父亲的遗产，怎么办？

答：这种情况比较麻烦。

如果他们是作为第二顺序继承人来分，只能说他们不懂法，忽略就是了。但是，如果发生“转继承”，就只能协商。比如，因为转继承，叔叔来分自己父亲的房产份额，舅舅的儿子来分母亲的房产份额，等等。按照法定继承，这些都是合法的行为。

转继承多数发生在父辈早于祖辈去世且父辈有兄弟姐妹的情况。最好的方式就是提前防范这种风险：生前订立一份合法有效的遗嘱，避免未来转继承的现象发生。还有另外一种方式：父辈去世之后发生继承，由祖辈自愿放弃，或者祖辈继承之后订立一份遗嘱，把财产“还”给孙辈。

三　个人合法财产

继承的前提，是被继承人有生前个人合法财产。

【案例故事】

母亲去世，生前留下遗嘱要把抚恤金全给儿子继承。如果女儿要分，能分得吗？

老周有一儿一女，女儿是老大，姐弟俩相差四岁。老周两口子都“重男轻女”，老周更甚。

当初女儿成家的时候，老周颇有意味地叮嘱道：“今后成了家，好好过日子。有时间回来看看，你是老大，有些事情你得多让着你弟弟。”

当初女儿以为这是父亲对临嫁女儿动情的嘱咐，但是随后的一系列事情，让女儿回想起这些话，又是另一种味道。

儿子大学毕业之后回到父母身边。看着儿子参加工作，老周似乎了却了一桩心事，于是想到有些事要提前说清楚。

某天一家人坐在一起吃饭。饭桌上，老周很郑重地说：“我和你妈前两天各自立了一份遗嘱，交代一些事情。爸妈很开明，很多人都对遗嘱忌讳，我们没那种思想。”

至于遗嘱写的是什么，老周只字不提。

老周的爱人 68 岁那年因病去世。处理完后事，过了约半年，待家人情绪稍微平复后，老周把儿子和女儿叫到跟前，拿出老伴儿那份遗嘱，说道：“你们的妈已经走了半年了。我想，应该尊重她的意思，有些事该办了。”

说完，当着子女的面，读了老伴儿留下的遗嘱。母亲的财产以及去世后的抚恤金，全部由儿子个人继承。

老周没有征询子女的意见。在他看来，这是告知，而不是商量。随后又叮嘱了一句，这件事情，全权由儿子办理，女儿配合。

随后那段时间，女儿很憋屈，但也没闲着，一直在打听关于家产继承的事情。了解之后，女儿有些心不甘。这天，女儿回去，打算找父亲谈谈。

“爸，我得跟你说说我妈遗嘱的事儿。”

老周非常不耐烦地说：“我们白纸黑字都写清楚了，也知会你们姐弟了，还有什么可说的？”

女儿克制住情绪，对老周说道：“爸，我妈那笔抚恤金，不是遗产，我妈无权分配。从法律的角度，我可以有。”

老周一听，指着女儿的鼻子吼道：“法律？你懂不懂就在这儿跟我讲法律？我问你，抚恤金是不是因为你妈去世才有的？无权分配？她没权，难道你有权？你能不能尊重点你妈？”

听着父亲的斥责，女儿欲言又止。

老周气还没消，继续吼道：“你妈还在的时候你不吱声，她才走多久，就开始为财产闹腾起来了。我告诉你，别在这儿搅和。家里不是你说了算，我还在呢！”

话已至此，女儿还能再说什么？自己明明有权利分得抚恤金，反而变成了搅和。

多年来，父母对待自己的态度又浮现在眼前，让女儿有些寒心。只是平静地对父亲说了一句：“这笔钱，如果我想要，我肯定能拿到。乱不乱，谁在搅和，你心里应该比谁都明白。”

说罢，没管老周的脸色，女儿起身离去。

老周老伴儿的遗嘱有效吗？至少部分无效，因为她处置了不属于她的个人合法财产。

抚恤金是在人去世之后，给到去世人家属的、有安慰性的经济补偿，不属于遗产，不能继承。分配对象必须同时满足两个条件：死者的直系亲属；这些亲属主要依靠死者生前扶养。因此，基本上等同于第一顺序法定继承人。而关于抚恤金的分配，往往会参照法定继承的分配原则，即全部抚恤金由上述人均分。

所以，如果老周的女儿坚持要分，是可以分得的。只不过，要不要坚持，还得看女儿自己的选择。

一、生前个人合法财产

能够被继承的，必须是去世人生前的个人合法财产。

第一千一百二十二条 遗产是自然人死亡时遗留的个人合法财产。

依照法律规定或者根据其性质不得继承的遗产，不得继承。

在遗产定义中，有三个关键词：生前、个人、合法。在现实中，对于遗产的概念，存在很多认知上的误区。

- 生前

可继承财产，必须为被继承人生前获取的财产。之前我们谈过，被继承人去世之后，家属的抚恤金、丧葬费等，有些人也会理解为遗产，这是错误的。这些财产本身是针对去世人家属的补偿，不能作为遗产来处理。

- 个人

遗产，必须为被继承人生前个人所有。在判断遗产范围时，常见的问题是与婚姻有关的财产归属问题。比如，将婚后购买的登记在个人名下的房产全部视为遗产，将个人工资卡中的钱全部视为个人财产，将个人通过法定继承所得的房产全部视为个人财产，等等。

- 合法

合法，指的是去世人拥有财产的合法所有权。现实中，常常犯的错误是误以为父母生前占有的财产，就属于合法财产。比如，父母不在了，子女要继承父母之前买的小产权房。国家三令五申小产权房属于非法房产，不受法律保护。

二、“个人”财产

与“个人财产”有关的主要因素之一是婚姻。在《民法典》中，关于婚姻财产的界定有明确规定。

第一千零六十二条　夫妻在婚姻关系存续期间所得的下列财产，为夫妻的共同财产，归夫妻共同所有：

（一）工资、奖金、劳务报酬；

（二）生产、经营、投资的收益；

（三）知识产权的收益；

（四）继承或者受赠的财产，但是本法第一千零六十三条第三项规定的除外；

（五）其他应当归共同所有的财产。

夫妻对共同财产，有平等的处理权。

第一千零六十三条　下列财产为夫妻一方的个人财产：

（一）一方的婚前财产；

（二）一方因受到人身损害获得的赔偿或者补偿；

（三）遗嘱或者赠与合同中确定只归一方的财产；

（四）一方专用的生活用品；

（五）其他应当归一方的财产。

1. 常见的财产归属情况

常见的、可能会产生认知错误的财产及产权归属情况包括以下四种。

婚内的工资奖金收入。夫妻在婚内的工资、奖金等收入，均属于夫妻共同财产。举个极端的例子，一方工作挣钱，另一方全职在家。一方挣的钱，属于夫妻共同财产，各自一半。

婚内的住房公积金、养老保险。婚内一方获取的住房公积金、养老保险等，属于夫妻共同财产。《最高人民法院关于适用〈中华人民共和国民法典〉婚姻家庭编的解释（一）》中作了明确规定。

第二十五条　婚姻关系存续期间，下列财产属于民法典第一千零六十二条规定的“其他应当归共同所有的财产”：

（一）一方以个人财产投资取得的收益；

（二）男女双方实际取得或者应当取得的住房补贴、住房公积金；

（三）男女双方实际取得或者应当取得的基本养老金、破产安置补偿费。

法定继承所得的财产。法定继承，可以理解为被继承人生前没有特指将财产给到继承人个人。因此，法定继承所得，属于夫妻共同财产。

个人财产在婚后产生的收益。一般来讲，个人财产在婚后通过具有投资、经营性质方式获取的收益，属于夫妻共同财产。

《最高人民法院关于适用〈中华人民共和国民法典〉婚姻家庭编的解释（一）》中作了明确规定。

第二十六条　夫妻一方个人财产在婚后产生的收益，除孳息和自然增值外，应认定为夫妻共同财产。

所谓“孳息”，可以理解为婚前财产在婚后产生的收益。但是，孳息又可分为天然孳息和法定孳息。

天然孳息属于自然产生的收益，比如个人房产放置不动，房价涨了；个人存款放在银行一直没动，有利息收入；等等。这部分增值依然属于个人财产。

而法定孳息指的是通过一定的法律关系（比如个人用婚前财产在婚后投资、房屋出租等）产生的“利息”。这一“利息”属于夫妻共同财产。

2. 与婚姻有关的房产归属

情况（一）：婚前购买

购房时间	实际出资人	是否有贷款	产权登记人	产权归属
婚前	个人	全款	个人	个人财产
			双方	共同财产
			对方	共同财产
		贷款	个人	个人财产
			双方	共同财产
			对方	共同财产
	双方	全款	个人	共同财产
			双方	共同财产
		贷款	个人	共同财产
			双方	共同财产
	一方父母	全款	个人	个人财产
			双方	共同财产
			对方	共同财产
		贷款	个人	个人财产
			双方	共同财产
			对方	共同财产
	双方父母	全款	个人	共同财产
			双方	共同财产
		贷款	个人	共同财产
			双方	共同财产

- 婚前一方出资（包括一方父母出资）、登记在自己名下的房产，属于个人财产。
- 婚前一方出资（包括一方父母出资）、登记在双方甚至对方名下的房产，属于两人共同财产。
- 婚前双方出资（包括双方父母出资）、无论登记在一方还是双方名下的房产，属于两人共同财产。

房产本身的产权归属，不受全款还是贷款购房的影响，区别仅在于会涉及婚后还贷的认定问题。

情况（二）：婚后购买

购房时间	实际出资人	是否有贷款	产权登记人	产权归属
婚后	个人	全款	个人	个人财产
			双方	共同财产
			对方	共同财产
		贷款	个人	个人财产
			双方	共同财产
			对方	共同财产
	双方	全款	个人	共同财产
			双方	共同财产
		贷款	个人	共同财产
			双方	共同财产
	一方父母	全款	个人	个人财产
			双方	共同财产
			对方	共同财产
		贷款	个人	个人财产
			双方	共同财产
			对方	共同财产
	双方父母	全款	个人	共同财产
			双方	共同财产
		贷款	个人	共同财产
			双方	共同财产

- 婚后一方出资（包括一方父母出资）、登记在自己名下的房产，属于个人财产。
- 婚后一方出资（包括一方父母出资）、登记在双方甚至对方名下的房产，属于夫妻共同财产。
- 婚后双方出资（包括双方父母出资）、无论登记在一人还是双方名下的房产，属于夫妻共同财产。

同理，上述结论，不受全款还是贷款购房影响。

情况（三）：房产加名

房产加名是一种很常见的情况。比如，本来是一方的个人房产，增加了对方名字。

加名时间	加名方式	更名后产权登记人	产权归属
婚前	买卖	双方	共同财产
	赠与	双方	共同财产
婚后	买卖	双方	共同财产
	赠与	双方	共同财产

- 如果婚前加名，只能通过“买卖”或者“赠与”的方式。
- 如果婚后加名，可以采取“买卖”或者“赠与”的方式。其中，夫妻之间的赠与，不需要缴纳契税，即可以“直接加名”。
- 无论婚前还是婚后，无论采用什么方式，加名的最终结果是房产属于双方共同财产。

通过比较上述三种情况可以看出：与婚姻有关的房产归属，不会简单地按照登记情况来确定，主要受谁出的钱、房子登记在谁名下两项因素影响，甚至与婚前还是婚后购买均无必然关系。因此，与婚姻相关的房产归属，可以得出三个结论。

- 登记在房产证上的人，有房屋产权份额；没有登记在房产证上的人，不一定没有份额。
- 出资了（包括父母出资），有房屋产权份额，不管是否登记自己的名字（除非认定为借款）。
- 没有出资，如果出现在房产证上，就有份额；如果没有出现，就没有份额。

情况（四）：赠与所得房产

通过赠与获取的房产，比如父母将房产赠与自己，关于产权归属，和赠与时间、赠与声明有关。

继承时间	赠与声明	产权归属
婚前	—	个人财产
婚后	指定赠与个人	个人财产
	未指定赠与个人	共同财产

- 婚前接受赠与所得，属于个人财产。
- 婚后接受赠与所得，要根据赠与声明而定。如果赠与人明确“赠与个人”，房产属于受赠人个人；否则为夫妻共同财产。

情况（五）：继承所得的房产

房产的另一种常见获取途径是继承，比如父母去世，子女继承父母的房产。

继承时间	继承方式	产权归属	备注
婚前	—	个人财产	不限继承方式
婚后	法定继承	共同财产	
	遗嘱继承	个人财产	指定由个人继承
		共同财产	未指定由个人继承

- 婚前继承所得，为个人财产。
- 婚后继承所得，就要看继承方式。如果是遗嘱继承且遗嘱中指定由继承人个人继承，继承所得为个人财产；如果是法定继承或遗嘱中未指定由继承人个人继承，继承所得为夫妻共同财产。

关于婚姻财产的其他说明

①协议约定

除了上述判定规则，另外一种确定产权归属的方式是协议。对此，《民法典》中作了明确规定。

第一千零六十五条 男女双方可以约定婚姻关系存续期间所得的财产以及婚前财产归各自所有、共同所有或者部分各自所有、部分共同所有。约定应当采用书面形式。没有约定或者约定不明确的，适用本法第一千零六十二条、第一千零六十三条的规定。

夫妻对婚姻关系存续期间所得的财产以及婚前财产的约定，对双方具有法律约束力。

夫妻对婚姻关系存续期间所得的财产约定归各自所有，夫或者妻一方对外所负的债务，相对人知道该约定的，以夫或者妻一方的个人财产清偿。

也就是说，即使按照之前介绍的判定规则确定了财产的产权归属。但是，如果夫妻之间另有书面协议约定，则以约定为准。

②财产的“延续性”原则

财产归属，只要未做产权人的变更，就不会因为财产形式、婚姻状态变化而自然变化。

比如，婚前个人名下有一套房产，属于个人合法财产。结婚之后，将这套房产出售、用售房款重新购买了一套房子且登记在个人名下。类似这种情况，新购得的房子依然属于个人财产：新房是之前个人财产延续下来的，没有用到对方或者夫妻共同财产，而且没有变更产权人（未登记对方名字）。

但是，如果购置新房登记了夫妻双方名字，新房就会作为夫妻共同财产。

三、常见的财产类型

《民法典》简化了遗产范围的描述，实际上也扩大了遗产范围。在日常生活中，普通家庭常见的财产类型主要包括房产、车辆、存款。此外，还包括文玩收藏、公司股权等有形财产，知识产权等无形财产，甚至网络账号等虚拟财产。

无论什么类型的财产，都是需要证明的，即证明这项财产确实属于个人合法财产。

1. 房产

在财产中，最常见和最复杂的要数房产，因为房产价值大，且房产种类多。所以，怎样证明房子是可以被继承的，就变得很重要。

我国住房制度改革始于 20 世纪 90 年代。房产最重要的凭证是房本。通过房本的变化，可以看出我国房产制度的变迁。

- “两证”时期

这个时期，大约从 1992 年开始。通过两类证书的名字可以看出：老百姓对房屋有的是所有权，对土地有的是使用权。这个时期，两证分属不同的管理机构，一个是人们俗称的“房管局”，另一个是“土地局”。

这个时期，房产凭证还有两个特点：一个特点是除了房产证、土地证，还有一个叫作“契证”的凭证，用于契税完税证明，这三类凭证加在一起，俗称“三证”；另一个特点是房产证登记的产权人只能是一个人，如果存在多个产权人，配套还有一个凭证叫作“房屋共有权证”，向其他产权人发放。

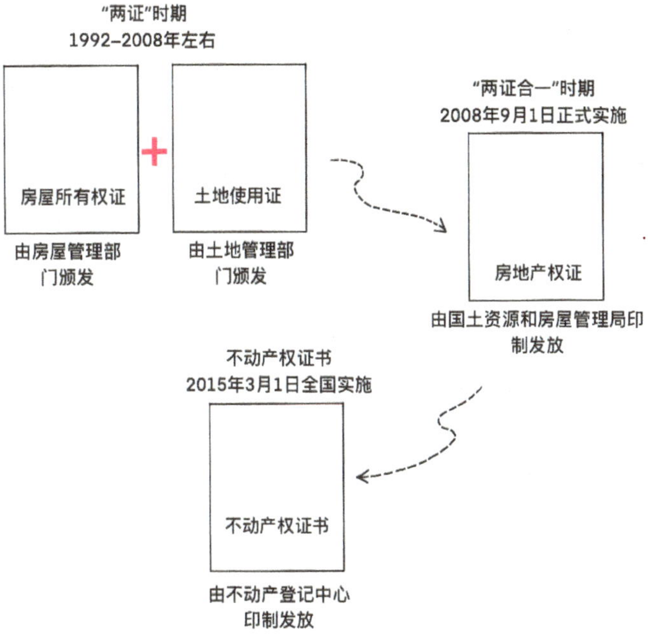

● “两证合一”时期

最早是1996年3月1日在上海开始实施，2008年9月1日全国统一实行“两证合一”，叫作“房地产权证”，将房产信息和土地使用信息登记在一个凭证上，实行统一管理。在“房地产权证”上，也只能登记一个产权人。如果房产涉及多个产权人，还有另一个凭证，叫作“房地产权共有（用）证”，由其他共有人持有。

● “不动产”时期

我国不动产登记制度从2015年3月1日开始正式实施，标志是《不动产登记暂行条例》。配合不动产登记制度的推行，我国对管理机构也作了相应的调整。现在各地办理房屋登记、更名、过户等的机构都统一叫作“不动产登记中心”。

以上三个时期，不同地方推行先后时间有所差异。目前这三类凭证在市场上均大量存在，均合法有效。

我国房产类型比较复杂，加上历史的沿革，林林总总加起来有十几种。

目前市场上存在的，主要包括以下 12 种类型。

关于不同类型的房产，是否属于个人合法财产，是否可继承，参见下表。

编号	房产类型	土地性质	房屋产权人	可否买卖	可否立遗嘱	可否继承	备注
1	商品房	国有	个人	√	√	√	
2	经济适用房	国有	个人	√	√	√	满五年后可上市交易
3	房改房	国有	个人	√	√	√	市场价购买
		国有	个人	√	√	√	成本价购买，满五年后方可买卖
		国有	个人占部分	√	√	√	标准价购买
4	公租房	国有	国家/机构	×	×	×	
5	廉租房	国有	国家/机构	×	×	×	
6	拆迁安置房	国有/集体	个人	√	√	√	有购房合同/房本
			非个人	×	×	×	无购房合同/房本
7	小产权房	集体	—	×	×	×	非法
8	共有产权房	国有	个人占部分	√	√	√	满五年方可上市交易
				×	√	√	不满五年不可上市交易
9	宅基地住房	集体	个人	×	√	√	仅限本集体户口的内部成员交易，不允许上市买卖
10	单位集资建房	国有	单位	×	√	√	不允许上市买卖，部分单位允许内部职工买卖
11	央产房	国有	个人	√	√	√	房产所属机构同意出售
			单位	×	√	√	房产所属机构未同意出售
12	军产房	国有	个人	√	√	√	有“移私”字样，且军事机关同意上市
			军事机关	×	√	√	有“移私”字样，且军事机关不同意上市
			军事机关	×	×	×	无“移私”字样

注意：有些类型的房产是无法继承的，因为这些房产的所有权不属于个人，如公租房、廉租房等；或者不合法，如小产权房。

在这些房产类型中，有一种比较容易引起混淆的房产：宅基地房。

这种类型的房产，建在村集体分配的宅基地上，宅基地属于集体土地，一般都是无偿划拨给同集体组织的成员。

人们经常混淆宅基地和宅基地上的房子。比如，户口已经迁出集体，是不是就不能继承老宅子了？

这是完全不同的概念：宅基地，无论如何都不能继承。因为宅基地所有权属于集体，不属于个人合法财产。但是宅基地上建的房子可以认定为个人合法财产，所以，无论是否具有同集体户口，只要是合法继承人，均可以继承老宅子。需要注意这里的前提是：

“按照房地一体原则，继承人继承取得房屋所有权和宅基地使用权，农村宅基地不能被单独继承。”

也就是说，宅基地房继承，必须同时满足两个条件：

- 继承人必须具备合法继承权，与继承人户口没有关系。
- 宅基地上必须有可居住的房子。继承了房子，就相当于有了宅基地使用权，与继承人户口无关。但是，如果户口已经迁出，继承的房子不能进行大修，直到房子无法使用之后，宅基地由集体收回。

2. 其他财产

老百姓家庭中还有两种比较常见和重要的财产，就是存款（现金）和车辆。

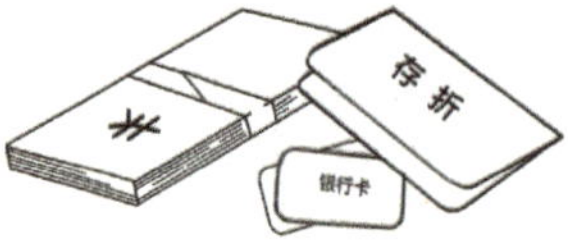

存款

存款指的是流动性财产。存款凭证的体现形式主要包括存折、存单、银行卡等，此外还包括股票、基金账户等。

车辆

车辆最重要的体现形式是“机动车行驶证”。请注意，现在很多地区的车牌处于“一牌难求”的状态。但是，车牌不能继承，属于车辆附属物，与车辆相互依存。没有车，车牌不能继承；有车，车牌不能单独继承。

以上三类财产，现实中最为常见，而且有专门的登记、管理机构。一旦发生继承，都要通过相关凭证来办理。凭证用于说明财产确实属于去世人的个人合法财产。

还有一些其他财产，比如，有的有公司股权，则要通过股权凭证来证明、办理；有的生前收藏了文玩字画，这些类型的财产一般不会有标明所有权人的凭证，若发生继承，需要继承人来举证、分配。

四、财产与债务的关系

- 父债子偿？
- 只想着争财产，却不承担债务？
- 人死账销？

……

继承人对被继承人生前的合法债务，要承担偿还义务吗？对此，《民法典》作出了规定。

第一千一百五十九条　分割遗产，应当清偿被继承人依法应当缴纳的税款和债务；但是，应当为缺乏劳动能力又没有生活来源的继承人保留必要的遗产。

第一千一百六十一条　继承人以所得遗产实际价值为限清偿被继承人依法应当缴纳的税款和债务。超过遗产实际价值部分，继承人自愿偿还的不在此限。

继承人放弃继承的，对被继承人依法应当缴纳的税款和债务可以不负清偿责任。

可以解读为：

- 如果去世人生前有合法债务，其遗产优先用于偿还债务。但是，如果继承人中有“双无”人员，要先从遗产份额中分出一部分给“双无”继承人，剩下的遗产用于偿还债务。
- 放弃继承的，不参与分割去世人生前的财产，相应地，也不承担其生前的合法债务。

- 如果去世人的财产用于偿还债务之后还有剩余，剩余部分可由继承人继承；如果资不抵债，继承人没有遗产可继承，也不用承担剩余债务的偿还责任。

因此，按照法律规定，继承人不需要承担被继承人生前的合法债务，因为债务终归是用被继承人的遗产来抵扣的。

常见问题解答

问：房子是我出资给父母买的，登记的是父母的名字。现在他们去世了，房子是不是应该归我？

答：不一定。这件事要分开来看。

房子是子女出资买给父母的，登记在父母名下。房子和资金要分开来看。

从房产来讲，属于父母的个人合法财产，当父母去世之后，这套房子作为他们的遗产，由继承人继承。如果继承人不止一名，不能绝对地说“这套房子归我”。若有其他合法继承权的继承人不书面放弃，就没有办法归自己。

至于子女出的钱，要看当初是如何约定的。如果有借款证明，那么，这笔钱将作为父母生前债务，需要先从父母的遗产中扣除；如果是无偿赠与，那么这笔钱就算是孝敬父母了。

问：房产不是以登记为准吗？登记的是我的名字，为什么还有老伴儿的份额？

答：与婚姻有关的房产产权界定，不单纯看登记情况。

与婚姻有关的房产产权界定，要综合两个因素考虑：实际出资人、房产登记人。

如果是夫妻双方出资购买的房产，无论登记在一人名下，还是登记在夫妻双方名下，房产都会作为夫妻共同财产。

除非是完全用个人财产出资购房，并且登记为个人名字。只有同时满足这两个条件，才能认定为个人财产，与配偶无关。

问：我已经离开老家很多年，户口也迁出来了。现在老家的父母去世，我能继承他们的老宅子吗？

答：可以。这件事我们要分两个概念来看待：宅基地、宅基地房。

您提到的老宅子，属于宅基地房。宅基地房属于父母的个人合法财产；而宅基地不属于父母，所有权归村集体，是由村集体对同村户口集体成员进行分配、使用的。

户口是否迁出，并不影响对父母老宅子的继承问题。老宅子属于父母的个人合法财产，作为子女，有法定继承权。

还需要提醒一点："外户"人继承宅基地房，可以享有宅基地的使用权，但不能对宅基地房进行大修、重建。等到房子倒塌、不能继续使用，宅基地将被村集体收回。

问：父母贷款买了一套房子，还贷人写的是父亲的名字。现在父亲去世了，贷款没还完，怎么办？

答：这要经过两个步骤来解决。

父亲去世后，这套房子中属于他的份额就成了遗产，发生继承。所以，应当由继承人通过办理继承手续，把父亲的遗产份额继承下来。但是，因为房产处于抵押状态，相当于父亲生前欠了银行一笔债。因此，会有两种选择：一是如果没有人愿意偿贷，银行就有权利对房产进行处置，如拍卖。处置所得，优先还债，如果有剩余，再由继承人继承、分割。二是继承人主动承担这笔债务，继续承担偿贷责任。

问：父亲生前住的是一套公租房，而且临终前父亲说了，让我继续住。我能继续住吗？

答：这件事，不以您父亲或者您的个人意志为转移。

您父亲享有的是约定时间范围的租住的权利，房子本身并不属于您父亲，所以，不能作为他的遗产。既然不是遗产，就没有处分的权利，继承人也没有继承的权利。

所以，您父亲说的让您继续住没有什么意义。不是自己的房子，谁来住，自己说了不算。但是，可以处理的办法是：如果您父亲去世的时候，租期未到，那么他的合法继承人是可以继续住的；如果租期满了，继承人能否继续租住，就要看与出租方沟通的结果。

问：丈夫意外去世，抚恤金应该怎样继承？公公、婆婆有继承权吗？

答：抚恤金不存在继承的说法。

首先需要明确的是，抚恤金不属于遗产。抚恤金的性质，是给去世人家属的一种安慰性的经济补偿，所以不存在继承问题。而抚恤金的发放对象，需要同时满足两个条件：必须为去世人的直系亲属；必须受去世人生前扶养。

这两个条件综合起来，对应的是去世人的第一顺序法定继承人。所以，一般情况下，抚恤金的分配参照法定继承，即法定继承人均分。单纯从法律的角度，公公、婆婆作为丈夫的法定继承人，是有合法权利分得抚恤金的。当然，也包括作为配偶的您。

问：可以通过遗嘱，把债务指定给某继承人承担吗？

答：指定与否，没有什么意义。

有些家庭确实有这样的做法。比如，有两个儿子，大儿子经济条件好，小儿子经济条件差，于是老人想搞平衡，写了一份遗嘱，把财产留给小儿子，让大儿子承担债务。这种做法没有任何意义。

遗嘱是单方行为，遗嘱中指定的继承人完全可以不接受。所以，即使指定了偿债人，如果可继承份额低于债务总额，偿债人完全可以不答应。

有关继承的法律规定说得很清楚：放弃继承的，不承担债务；继承遗产的人，要以继承遗产的实际价值为上限清偿债务，超出上限的可自行选择是否继续偿还。所以，这种指定没什么意义，反而会制造不公平。

问：凭什么七大姑八大姨来分我父母的遗产？要是我父母生前有债务，他们还吗？

答：转继承的问题，无解，人人心里都有一笔账。

“转继承”情况的发生，除了沟通协商之外，无解。如果父母生前有债务，是以其遗产总额为上限优先偿债的。

换句话说，如果真的出现七大姑八大姨来争财产，对于他们而言，没什么损失，充其量是用他们能继承的份额全部偿还债务，也不需要他们花自己的钱还债。

当然，如果财产处于抵押状态（如贷款房），想要继承，还是需要承担偿贷责任的。所以，根本的问题是要避免这种情况发生。最好的方式是生前订立一份合法有效的遗嘱。

四　有效遗嘱

遗嘱要生效，必须有效。

【案例故事】

老人去世，三个儿子拿出两份遗嘱争房产，谁知两份遗嘱都无效

刘大爷有三个儿子。老大、老二一直在老家，老三是家里培养出的唯一一个大学生，毕业之后就留在大城市工作。

刚过60岁，刘大爷身体就一直不太好。一开始老大、老二照顾多一点，老三回来的时间少。“三个和尚没水喝”，时间一长谁心里都会有变化。虽然老大、老二平时对父亲进行照顾，但是相互之间也渐渐产生了不平衡。慢慢地，老二来得也少了，最后变成大部分时间都是老大在照顾。

就这样耗了几年时间，后来刘大爷去世了。处理完后事，兄弟三人商量着怎样处理父亲留下的房子。刘大爷在当地有一套房子，当时市场价是七八十万元，也算一笔不少的钱。谁知这事儿让三个兄弟不平衡的心理彻底爆发。

把房子卖了分钱，兄弟三人意见是一致的，各自的理由都很充分：老大、老二已经有房子，卖了要现金，手头宽裕点；老三在大城市买了房，还有贷款要还。但是在怎样分的问题上，三个人起了争执。

老大认为老人最后几年都是他在照顾，应该多分。也不全要，自己占一半，老二平时也照顾了一些，分三成；老三平时照顾少，最多拿两成。

老二、老三都不同意。两人居然各自拿出一份内容完全不一样、老人生前订立的遗嘱。老二手里的遗嘱是他写的，最后是刘大爷的签名和日期，大概意思是刘大爷去世后把房子全给老二；老三

的遗嘱好像更“高级”一点，是打印的，最后也有刘大爷的亲笔签名和日期，而且日期靠后一点，大概的意思是把40%留给老三，老大、老二各30%。

得知这两份遗嘱，老大气愤不已：“我不管你们什么时候让父亲立的遗嘱。老二，你可以，活没多干，还想自己一个人全要。老三，你是真有文化，弄个打印的。你这40%是算计好的吧？正好凑齐你的贷款了吧？”

兄弟三人为这事儿闹得不可开交。争执不下，老大找了个律师，打算把两个弟弟告了。

听完老大的陈述，律师把三兄弟召集到一起。先问他们：“如果平分你们有没有意见？”

兄弟三人谁也不同意，要是平分，谁都觉得自己亏了。

于是，律师说：“这两份遗嘱全都无效，没用。”

老二、老三一听都蒙了，有老人的亲笔签名和日期，为什么无效？

解释完原因之后，律师义正词严地告诉他们：“一旦打官司，只有两个结果：一是你们兄弟就彻底闹僵了；二是你们谁的目的也达不到。要是真想公平，建议你们协商好，能不打官司最好别打官司。”

为什么两份遗嘱全都无效？

老二的遗嘱无效，是因为完全不符合“代书遗嘱”的要求。

从形式上，老二手持的遗嘱应该算是代书遗嘱，遗嘱内容不是刘大爷本人书写，而是由他人代写的。但是在“代书遗嘱”订立的过程中，必须有两个以上无利害关系见证人。老二这份遗嘱上，只有刘大爷的签名，一是没有办法证明是否还有其他见证人，从数量上不符合法律规定；二是老二作为“代书人”，本身就是受益人，属于利害关系人。自己写，让老人签名，不符合要求。

老三的遗嘱无效，是因为完全不符合“打印遗嘱”的要求。

在原《继承法》中没有“打印遗嘱”的形式，这是《民法典》中新增的。根据《民法典》的规定，打印遗嘱需要两个以上无利害关系见证人，且遗嘱人、见证人全部签名并注明日期。如果打印遗嘱有多页，须在每一页上签名、注明日期。

而老三的这份遗嘱上仅有刘大爷的签名，没有见证人，所以不符合打印遗嘱的要求。

或许是内心涌起了兄弟之间的亲情，也可能是因为遗嘱无效给老二、老三造成了一定的心理压力，最后三兄弟坐下来一起商量。老大改变了他的意见：自己分40%，其他两兄弟各30%。毕竟当大哥的对家里付出多，而且对父亲照顾得多。三弟一个人在外打拼不容易，虽然照顾老人少，但一直让老人喜欢，也算是从精神上给老人尽孝了。

一、什么叫合法有效遗嘱？

客观地讲，现实中人们对于遗嘱的认知还处在比较淡薄的阶段。究其原因，可以归结为现实原因和主观原因两个方面。

现实原因

之前老百姓没有多少家底，也没有什么可继承、可争的。所以，关于财产继承的问题、纷争少。继承问题不突出，遗嘱也就不重要了。但现在不一样了，只要有套房，涉及的财产少说也得几十万元，甚至可能高达成百上千万元。这么大一笔财产摆在面前，恐怕谁都会动心。

主观原因

很多人对于遗嘱心存忌讳。毕竟，遗嘱是对身后事的安排。“生前安排身后事”，很多人在心理上是抵触的。还有很多人认为，不着急，真的到了需要遗嘱的时候，再订立遗嘱也来得及。殊不知真的到了那时候，就不一定具备订立遗嘱的条件了。

所以，忌讳、拖延往往是导致不愿意订立遗嘱的主观原因。

在这里，还需要强调关于订立遗嘱的观点。

遗嘱，不必需，但很必要。

因为忌讳、不着急等主观意识，造成自己的财产无法给到想给的人、“外人”来和自己的子女争财产等问题，才是对自己、对子女最大的不负责任。

遗嘱，要有效，才能生效。

人们经常会面临这样的问题：

- 我这样写有效吗？
- 我是不是得去把遗嘱公证一下才有效？
- 很多遗嘱范本都不一样，我应该参考哪个？

……

这些想法都可以理解。毕竟订立遗嘱，最重要的一个要求是：能让遗嘱得到执行，把财产给到自己真正想给的人。

但是，类似上述这些问题，都无法回答。因为一份遗嘱是不是有效，不能单纯看它是怎样写的、是否公证、格式有没有问题，而是要综合判定。

一份合法有效遗嘱，必须同时满足以下四个条件。

订立前提	• 遗嘱人必须具备完全民事行为能力 • 遗嘱涉及财产为遗嘱人个人合法财产 • 遗嘱必须是遗嘱人本人真实意思表达
遗嘱形式	• 必须符合《民法典》规定的6种形式：自书遗嘱、代书遗嘱、打印遗嘱、录音录像遗嘱、口头遗嘱、公证遗嘱
内容表达	• 信息传递准确、无误 • 意思表达清晰、无歧义 • 必需内容不可缺少，如签名、具体日期
过程证据	• 在遗嘱有效性判定上，订立遗嘱的过程证据至关重要

二、订立前提

关于订立遗嘱有效的前提，《民法典》中有相关规定。

第一千一百四十三条 无民事行为能力人或者限制民事行为能力人所立的遗嘱无效。

遗嘱必须表示遗嘱人的真实意思，受欺诈、胁迫所立的遗嘱无效。

伪造的遗嘱无效。

遗嘱被篡改的，篡改的内容无效。

1. 完全民事行为能力

行为能力，分为无民事行为能力、限制民事行为能力和完全民事行为能力三种类型。

《民法典》中有相关规定。

第十七条 十八周岁以上的自然人为成年人。不满十八周岁的自然人为未成年人。

第十八条 成年人为完全民事行为能力人，可以独立实施民事法律行为。

十六周岁以上的未成年人，以自己的劳动收入为主要生活来源的，视为完全民事行为能力人。

第十九条　八周岁以上的未成年人为限制民事行为能力人，实施民事法律行为由其法定代理人代理或者经其法定代理人同意、追认；但是，可以独立实施纯获利益的民事法律行为或者与其年龄、智力相适应的民事法律行为。

第二十条　不满八周岁的未成年人为无民事行为能力人，由其法定代理人代理实施民事法律行为。

第二十一条　不能辨认自己行为的成年人为无民事行为能力人，由其法定代理人代理实施民事法律行为。

八周岁以上的未成年人不能辨认自己行为的，适用前款规定。

无民事行为能力阶段
（8 周岁之前）

限制民事行为能力阶段
（8—18 周岁。其中，16 周岁以上、有自己劳动收入作为主要生活来源的，视为具备完全民事行为能力）

完全民事行为能力阶段
年满 18 周岁

不能辨识自己行为的成年人，视为无民事行为能力人。

从遗嘱人的角度来看，必须同时满足以下两个条件：

- 年龄。满 18 周岁或者满 16 周岁且有自己的劳动收入作为主要生活来源。
- 能够辨认自己的行为，即智力健全、精神健康。比如智残者或患有唐氏综合征、患有阿尔茨海默症等疾病的人，均不具备订立遗嘱的条件。

回到现实：“谁都知道我很正常，还需要怎样证明？”

这是很多老百姓不解甚至反感的问题。但是，当遗嘱开始生效，也就意味着遗嘱人已经去世。这个时候，怎样证明当初在订立遗嘱的时候，遗嘱人“心智健全，思维正常”？

比较权威的证明包括两类：

由具有精神类诊疗资质的医学机构（医院），在遗嘱人订立遗嘱期间出具诊断评估报告。

我国司法鉴定中，包括法医类鉴定、物证类鉴定、声像资料鉴定和其他四类。关于民事行为能力，主要通过法医类的法医精神病鉴定，并由司法鉴定机构出具鉴定报告。

《最高人民法院关于适用〈中华人民共和国民法典〉继承编的解释（一）》中有相关规定。

第二十八条 遗嘱人立遗嘱时必须具有完全民事行为能力。无民事行为能力人或者限制民事行为能力人所立的遗嘱，即使其本人后来具有完全民事行为能力，仍属无效遗嘱。遗嘱人立遗嘱时具有完全民事行为能力，后来成为无民事行为能力人或者限制民事行为能力人的，不影响遗嘱的效力。

也就是说，鉴定结果具有时效性。比较合适的做法是，在订立遗嘱之前做精神鉴定，之后再订立遗嘱。

2. 个人合法财产

前述内容中介绍了家庭中常见的财产类型、财产归属的判定。在这里，再次强调——遗嘱中涉及的财产，一定要避免以下三个错误：

- 一是把“共有”的当作“个人”的。比如，和老伴儿共同的房子，房本上写的是自己的名字，就认为完全属于自己了。其实房子还有老伴儿一半的份额。
- 二是把“自己用的”当作“自己有的”。比如，住的房子是租的单位承租房，个人只是一个租客，没有房子的产权，更谈不上房子属于个人财产。
- 三是把不是遗产的财产当作遗产。比如抚恤金、丧葬费等，这些财产是去世人身后发给亲属的，不作为遗产，不能在遗嘱中“提前安排”。

3. 个人真实意思表示

遗嘱，必须是遗嘱人个人的“一厢情愿”，要由遗嘱人自己决定想把财产留给谁。在受到其他人胁迫、诱导、欺骗等情况下订立的遗嘱，均为无效遗嘱。这里需要回答的问题是：如何证明是“个人真实意思”？这种证明依赖于遗嘱订立过程中的一系列证据采集。关于证据，会在后续章节中详细讲解。

三、遗嘱形式

相比《继承法》，《民法典》对遗嘱形式进行了重要修订，共有 6 种合法形式。

自书遗嘱

代书遗嘱

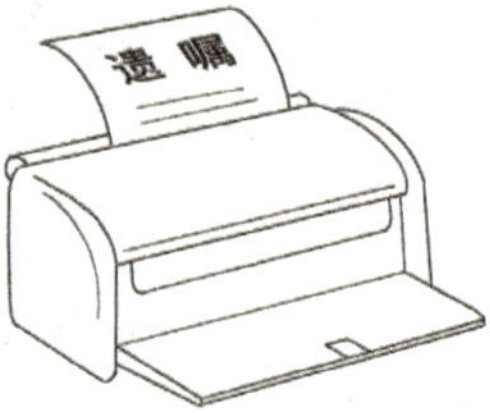

打印遗嘱

录音录像遗嘱

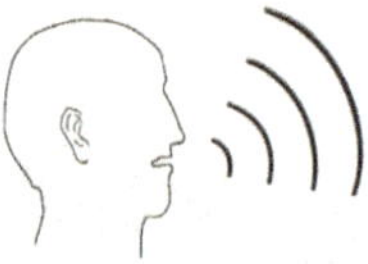

口头遗嘱

公证遗嘱

1. 自书遗嘱

自己写的遗嘱有效吗？类似的问题经常被提及。

这个问题给不出是否有效的答案。但是，可以给出的答案是：自己写遗嘱，从形式上完全符合法律规定。

《民法典》中有相关规定。

第一千一百三十四条 自书遗嘱由遗嘱人亲笔书写，签名，注明年、月、日。

自书遗嘱是一种很常见的遗嘱形式。只要做到全文自己书写、自己签名、注明日期，没有其他人的笔迹，至少可以认为遗嘱形式合法。

2. 代书遗嘱

代书遗嘱，多数适用于遗嘱人不会写字或无法写字的情况。但是，代书遗嘱不局限于此类遗嘱人。具备书写能力的人，也可以选择订立代书遗嘱。

第一千一百三十五条 代书遗嘱应当有两个以上见证人在场见证，由其中一人代书，并由遗嘱人、代书人和其他见证人签名，注明年、月、日。

代书遗嘱主要有三个特点：

- 必须有两个以上（含）无利害关系见证人在场见证，由其中一人代书。
- 遗嘱由代书人根据遗嘱人的真实意思，全文书写。
- 遗嘱中，正文仅能出现代书人的笔迹。落款上，需要遗嘱人、代书人和其他见证人均签名并注明年、月、日。

3. 打印遗嘱

打印遗嘱是《民法典》中新增的遗嘱形式。

第一千一百三十六条 打印遗嘱应当有两个以上见证人在场见证。遗嘱人和见证人应当在遗嘱每一页签名，注明年、月、日。

打印遗嘱主要有两个特点：

- 必须有两个以上（含）无利害关系见证人在场见证。
- 落款上，遗嘱人和见证人均签名并注明订立的年、月、日。请注意：如果遗嘱有多页，要求遗嘱人、见证人在每一页上均签名并注明年、月、日。

4. 录音录像遗嘱

《继承法》中，“非书面形式”的遗嘱形式之一叫作“录音遗嘱”。在《民法典》中，取消了录音遗嘱这种形式，新增了“录音录像遗嘱”。

第一千一百三十七条 以录音录像形式立的遗嘱，应当有两个以上见证人在场见证。遗嘱人和见证人应当在录音录像中记录其姓名或者肖像，以及年、月、日。

录音录像遗嘱的特点：

- 必须有两个以上（含）无利害关系见证人全程见证；
- 遗嘱人和见证人必须全部“出镜”并表明自己的身份。

5. 口头遗嘱

口头遗嘱有特定的适用条件——口头遗嘱仅适用于遗嘱人处于危急状态下，如重病。

第一千一百三十八条　遗嘱人在危急情况下，可以立口头遗嘱。口头遗嘱应当有两个以上见证人在场见证。危急情况消除后，遗嘱人能够以书面或者录音录像形式立遗嘱的，所立的口头遗嘱无效。

口头遗嘱的特点：

- 适用于遗嘱人在危急情况下；
- 必须有两个以上（含）无利害关系见证人在场见证；
- 危急情况解除、具备订立其他形式遗嘱条件的，口头遗嘱失效。

重点对第三个特点进行说明。举个例子，如果老人在病危期间、神志清醒的状态下订立了口头遗嘱，后来经过治疗，恢复了健康状态，具备订立其他合法形式遗嘱的条件，这时候，不管是否重新订立遗嘱，之前的口头遗嘱均无效。

现实中，很多家庭会出现类似的情况：“我们家老人当着好几个街坊邻居的面说了，今后把房子全留给我。”继承人会把这种表达当作老人的口头遗嘱。这种做法不符合口头遗嘱的适用条件，并且老人在具备订立其他形式遗嘱的条件下而未订立，这种表达属于无效遗嘱，或者说不算遗嘱。

6. 公证遗嘱

公证遗嘱只能在公证处订立。

《民法典》中有相关规定。

第一千一百三十九条　公证遗嘱由遗嘱人经公证机构办理。

遗嘱是不是只有经过公证才有效？自己书写的遗嘱，还需要公证吗？

这些问题在现实中很常见，其背后反映的是人们对遗嘱知识了解得太少、不自信。

不可否认的是，公证遗嘱从严谨程度、专业性来讲会让人心里更踏实一些。但遗嘱是否有效，与是否公证没有必然关系。

原《继承法》中规定，公证遗嘱具有更高效力。《民法典》对此作了重大调整：6种形式的遗嘱，具有同等法律效力，优先级仅与订立时间有关。

对比一下《继承法》和《民法典》的不同。

《继承法》中：

> **第二十条** 遗嘱人可以撤销、变更自己所立的遗嘱。
>
> 立有数份遗嘱，内容相抵触的，以最后的遗嘱为准。
>
> 自书、代书、录音、口头遗嘱，不得撤销、变更公证遗嘱。

《民法典》中：

> **第一千一百四十二条** 遗嘱人可以撤回、变更自己所立的遗嘱。
>
> 立遗嘱后，遗嘱人实施与遗嘱内容相反的民事法律行为的，视为对遗嘱相关内容的撤回。
>
> 立有数份遗嘱，内容相抵触的，以最后的遗嘱为准。

根据《继承法》的规定，遵从的是“公证优先、时间优先”原则。当存在多份遗嘱的情况下：

- 如果有公证遗嘱，以最后一份公证遗嘱为准；
- 如果没有公证遗嘱，以最后一份合法有效遗嘱为准。

在《民法典》中，取消了“公证优先”的规定，仅需要遵循“时间优先”原则：当存在多份遗嘱的情况下，以最后一份合法有效遗嘱为准，无论遗嘱是什么形式。

四、内容表达

《民法典》中关于各类遗嘱形式的规定，仅仅涉及签名、注明日期、是否需要见证人等，并未对遗嘱内容有任何说明。因此，可以理解为：遗嘱内容没有规定格式。但是，这并不代表遗嘱内容的表达没有规范可言。

一份有效的遗嘱，内容表达必须做到以下三点。

1. 信息表达准确无误

遗嘱内容包括两类基本信息：“人”“财”信息。

- 人。被继承人、继承人的姓名、身份证号码是对人的标识，在遗嘱中要写清楚、写准确。
- 财。遗嘱人的财产信息要标识清楚，比如房子要有坐落、房产证编号；银行卡要有开户行和银行卡号；遗嘱人本人在财产中所占有的份额要说明，尤其是针对与他人共有的财产。

2. 意思表达清晰、无歧义

分配意愿必须表达清楚，避免因不严谨而产生歧义。比如：

- “在我走后”。其实是要说“在本人去世之后”，因为忌讳而委婉地表达。但是，“走”有很多意思，不完全代表“去世”。

- “我住的房子”。其实是要说“本人产权的房子”，但是居住和产权之间不一定有绝对的对应关系，住自己的、借住的、租住的都可以。
- “给我儿子”。其实是要说“由我的儿子继承”。“给”也有很多意思，比如，给他居住？给他打理？到底是什么意思？

3. 必需内容不可大意、遗漏

虽然遗嘱内容在表述上不需要按照严格的格式，但是，有两类关键要素，必不可少。

签名

因遗嘱形式不同，对遗嘱签名的要求不同：

- 自书遗嘱。仅需要遗嘱人本人签名并注明日期。
- 代书遗嘱。需要遗嘱人、见证人签名并注明日期。
- 打印遗嘱。需要遗嘱人、见证人在每一页上签名并注明日期。
- 录音录像遗嘱。需要遗嘱人、见证人在录像中记录姓名或肖像（“入镜露脸、发声”）以及日期。
- 口头遗嘱。仅适用于危急时刻，在紧急情况下，无特定签名（记录）要求。
- 公证遗嘱。由公证处盖章，遗嘱人本人签名并注明日期。

日期

必须细化到“年、月、日”。

遗嘱具有时间属性：

- 多份遗嘱，以最后一份合法有效遗嘱为准。比如，一份遗嘱日期是3月，另一份内容相左的遗嘱是3月5日，以哪个为准？

- 遗嘱人在订立遗嘱期间必须具备完全民事行为能力。比如，遗嘱日期是3月，遗嘱人3月20日得了脑梗，怎样判断这份遗嘱是不是遗嘱人精神正常期间订立的？

五、证据完整

很多人对于遗嘱的认知存在一个很大的误区：遗嘱的形式、内容都没问题，是不是代表遗嘱肯定有效？

可以很肯定地回答：不一定。

如果没有证据，就不能肯定遗嘱人在订立期间符合遗嘱订立条件，是遗嘱人本人的真实意思，甚至不能证明遗嘱是由遗嘱人本人订立的。

因此，证据的作用非常重要。

《民法典》中有相关规定。

第一千一百四十三条　无民事行为能力人或者限制民事行为能力人所立的遗嘱无效。

遗嘱必须表示遗嘱人的真实意思，受欺诈、胁迫所立的遗嘱无效。

伪造的遗嘱无效。

遗嘱被篡改的，篡改的内容无效。

- 怎样知道遗嘱人订立遗嘱的时候，具备完全民事行为能力？
- 怎样知道订立遗嘱的时候，没有人胁迫诱导？
- 怎样知道遗嘱人书写的遗嘱不是别人伪造的？

……

现实中，怀疑遗嘱有效的，不仅仅是因为遗嘱本身的内容表达，更多的是对遗嘱订立过程产生怀疑。

现实中，因为证据不全导致遗嘱无效的情况非常普遍。

2018年《北京市高级人民法院关于审理继承纠纷案件若干疑难问题的解答》中有相关规定。

23. 遗嘱真实性举证证明责任承担的原则，鉴定不能情况下举证证明责任如何分配？

继承纠纷中，原则上应由持有遗嘱并主张遗嘱真实一方承担遗嘱真实性举证证明责任。

在因无法提供足够的鉴定对比样本而导致遗嘱笔迹鉴定不能情况下，如有证据证明一方当事人持有鉴定对比样本而拒不提供的，人民法院可根据案情确定由该方承担不利后果。

该条解答凸显了遗嘱订立过程中证据的重要性。

证据类型

在《民事诉讼法》中规定，证据种类包含8种。

第六十三条 证据包括：

（一）当事人的陈述；

（二）书证；

（三）物证；

（四）视听资料；

（五）电子数据；

（六）证人证言；

（七）鉴定意见；

（八）勘验笔录。

证据必须查证属实，才能作为认定事实的根据。

订立遗嘱，主要证据包含以下 6 种，不局限于遗嘱形式。

关于各类证据的内容、采集方式，会在后续篇章中详细说明。

常见问题解答

问：遗嘱必须公证吗？

答：不是。

公证遗嘱本身有其特点和优势。人们往往会因为不了解如何订立遗嘱，担心自己订立的遗嘱无效，所以选择公证遗嘱。

这种考虑的出发点是对的：保证遗嘱的合法有效性，是订立遗嘱的根本要求。但是，公证遗嘱不是唯一的选择，也不是唯一的合法形式。

《民法典》规定的合法形式有 6 种，所以，可供选择的遗嘱形式有很多。另外，还要认知两个很重要的概念：第一，“遗嘱公证”的说法欠妥，与其对遗嘱公证，不如直接订立公证遗嘱；第二，遗嘱形式的合法，并非决定遗嘱有效的唯一因素。

问：我和老伴儿一起写了一份遗嘱，上面有我们俩的签名，算有效吗？

答：不敢说，但不建议采取这种形式。

“共同遗嘱”不属于《民法典》中规定的合法形式。现实中，存在这种共立遗嘱被判无效的案例。

虽然在2018年《北京市高级人民法院关于审理继承纠纷案件若干疑难问题的解答》第十九条中针对这种情况作了解答：“以夫妻双方名义共同订立的处理夫妻共同财产的遗嘱，符合遗嘱形式要件的应为有效。当事人仅以遗嘱内容为一方书写，不符合代书遗嘱相关形式要件为由请求认定遗嘱无效的，人民法院不予支持。”

这个解释似乎又说明“共立遗嘱”是可以有效的。在没有绝对答案的时候，最简单的选择是：不考虑这种风险形式，直接按照法律明确的形式来订立遗嘱，这样最安全。

问：我想订立遗嘱，现在还不到60岁，谁都知道我的精神、思想意识很正常，为什么要证明？

答：只是为了防止未来对遗嘱的质疑风险。

遗嘱是发生在身后的事儿。等到遗嘱人去世之后，这份遗嘱才会开始生效。这时候，如何判断遗嘱人订立这份遗嘱时是“正常人”？这时已经无法向遗嘱人本人求证，所以，必须有证据证明。

最好的证据有两类：一类是医院鉴定的结果；另一类是司法鉴定的结果。这两种结果具有很强的公信力和专业性。当然，也会有其他证据可供选择。

问：遗嘱安排的是身后事，现在写遗嘱，总觉得有点不吉利。等到必要的时候再说吧。

答：当然可以选择不订立遗嘱，但是要注意：如果想订立遗嘱，必须具备订立的条件。

忌讳遗嘱的人不在少数。很多人觉得提前安排身后事不吉利。

不能说到什么岁数就必须订立遗嘱，这有些过于死板。但是，大家一定要懂得：订立遗嘱，不是“咒”什么、“咒”谁，而是为了保护自己的生前利益，保护继承人的利益。如果真的有订立遗嘱的想法，不建议拖延。

大家都知道，人的生理周期是有规律的，任何一个人都会经历不同的年龄阶段，也会经历从完全自理、半自理到不能自理的生命过程。因此，如果一直拖延，直到老去，等到想订立遗嘱的时候，可能已经失去订立的条件。

问：不是还有一种遗嘱叫作“律师见证遗嘱”吗？这是什么形式？

答：不存在这种遗嘱形式。

老百姓口中确实有“律师见证遗嘱”这种说法。但是这个说法是“造”出来的。

所谓“律师见证遗嘱”，多数情况下，存在于两种应用场景：

一种场景是律师代为起草。这种应用场景在本质上属于“代书遗嘱”：只不过代书人、见证人为律师。

另一种场景是律师作为见证人。比如打印遗嘱、录音录像遗嘱，其中见证人的身份是律师。

无论是哪种场景，所谓的“律师见证遗嘱”，都可以定义为：由律师扮演见证人角色。判定遗嘱是否有效，依据的是法律规定，进一步说，遗嘱是否有效，与律师这个身份无关。

问：为什么遗嘱内容写清楚了，形式也合法，还不能保证遗嘱有效？

答：遗嘱有效性，不是单纯地看几个条款。

《民法典》中，关于遗嘱形式的规定，自第一千一百三十四条至第一千一百三十九条。但是，判断遗嘱有效性，不能单纯看这6条，而是要通篇来看。比如第一千一百四十条中关于“见证人”的规定，第一千一百四十三条中规定的遗嘱无效情形，等等。就要证明订立的这份遗嘱，没有触发上述无效的情形——这种证明，不是单纯靠遗嘱内容、形式来解决的。

所以，遗嘱是否有效，不仅要看遗嘱本身，还要看过程证据。

问：代书遗嘱必须有见证人吗？找不到见证人怎么办？找亲戚行吗？

答：必须有见证人。

代书遗嘱（包括打印遗嘱、录音录像遗嘱、口头遗嘱）必须有两个以上（含）无利害关系见证人，这是硬性条件规定。

如果找不到，也不能找几个亲戚凑数来订立，因为订立的结果会是无效。所以，只能选择其他形式的遗嘱，如公证遗嘱等。

问：我写完遗嘱，但意思变了，还可以反悔吗？

答：在遗嘱没有生效之前，可以。

生前订立遗嘱这种行为，可以理解为对身后事的安排。遗嘱在什么时候才会生效？遗嘱只有在发生继承，即遗嘱人去世之后，才开始生效。而遗嘱属于单方行为。这个特点就决定了：在没有发生效力之前，只要遗嘱人符合订立遗嘱的前提条件，就可以随时推翻，重新订立，不需要询问其他人的意见。

根据《民法典》的规定，多份遗嘱存在的情况下，以最后一份合法有效遗嘱为准。也就是说，如果遗嘱人改变了财产分配意愿，重新订立的遗嘱，只要合法有效，就会“自动顶替”之前的遗嘱。但是，反悔的形式，建议不要直接涂改，而是重新订立。

此外，这也是一直强调落款日期重要性的原因：必须细化到“日”，这是确定哪份遗嘱为最后一份遗嘱最重要的依据。

问：既然没有规定遗嘱必须怎样写，是不是我只要把意思表达清楚就可以了？

答：意思表达清楚是最基本的要求，除了意思表达清楚，还要准确，不能产生歧义。

遗嘱没有严格的格式、内容表述要求，但不代表其没有要求。

在遗嘱内容的表达上，最重要的是做到三点：信息必须准确唯一，意思表达要清晰、无歧义，必须有签名（肖像）和日期。

信息准确唯一，指的是遗嘱中涉及的人、财信息必须准确，有唯一标识。比如，人要有姓名、唯一证件号码等；意思表达要清晰、无歧义，指的是由谁继承、遗赠给谁、给多少份额等必须表述清楚；签名日期，必须符合不同遗嘱形式的法定要求。如果是录音录像遗嘱，要记录遗嘱人、见证人的肖像和日期。

至于遗嘱的格式，没有统一的硬性要求。

问：《民法典》中没有提及任何订立证据的要求，为什么遗嘱是否有效，还得强调有证据？

答：证据是以防万一用的。

极端地讲，如果遗嘱人能肯定未来没有遗产纠纷的风险，甚至连遗嘱怎样订立都不重要。但是，一旦产生争议，就很有可能导致遗嘱继承人少继承甚至继承不了的后果，这不是遗嘱人希望看到的。

证据的作用就是当有人对遗嘱产生怀疑的时候，可以有力地证明遗嘱合法、有效。

五　遗嘱内容

内容的准确表达，是确保遗嘱有效性的关键。

【案例故事】

老人愿望：如果我走了，财产先给老伴儿，再给儿子。谁知只实现了一半

老张家最近有点闹腾，是关于房子的事儿。

70 多岁那年，老张订立了一份遗嘱，说明万一他去世了，让自己的老伴儿继承房子。等到老伴儿去世，再让儿子继承。谁知，在老张和老伴儿去世之后，因为房子的问题，儿子和女儿之间闹得很不愉快。

回到几年前。

老张有个朋友，前段时间老伴儿去世，老张过去看望过几次，想安抚一下朋友的情绪。

有一天，老张从朋友家回来之后，就拉着老伴儿说："来，你坐下，我跟你说点事儿。我刚从老刘家回来，你也知道，他老伴儿前段时间走了。这次我去，才知道他们家最近的事儿。他家不是有俩儿子吗？现在正为分房的事吵架呢！"

老伴儿有些不解，问道："老刘家的房子，他两个儿子分什么？"

老张回答道："一开始我也不知道，老刘是这样跟我说的：他老伴儿走了，房子就得有他和他两个儿子的份。他一直以为老伴儿走了，房子就是他一个人的了，谁知道儿子这样一闹，他才知道，压根就不是这么回事儿。"

老伴儿还是没太明白："那应该是怎么回事儿啊？"

老张有点不耐烦了："别老问我啊，我哪儿知道？我得学习学习。"

这是大事。老张想，自己和老伴儿也都是70多岁的人了，有俩孩子，指不定哪天发生同样的事情。为了这事儿，老张还专门跑了几个地方去咨询。这一学习不要紧，老张终于弄明白到底是怎么回事儿了。

老张把老伴儿叫过来商量："我知道怎么回事儿了。我把想法给你说一下。我先说明白，咱们在这套房子里，各占一半。老伴儿，万一哪天我走了，我那一半全给你。这次老刘家遇到的就是这个问题。等你走了之后，这套房子再留给儿子。"

老伴儿问了一句："那咱们女儿呢？"

老张有一搭没一搭地回了一句："她不是还有婆家吗？为什么这样我也不跟你解释了。这事儿就这样定了。还有一点：光说还不行，得立份遗嘱写下来，白纸黑字才行。怎样写我最近查了很多资料，知道怎样弄了。我跟你说一下。"

老伴儿不想写，老张实在拗不过，也懒得管了，自己写了一份遗嘱。内容大体有两个意思："本人去世之后，房子中我的份额全部由老伴儿继承。老伴儿去世之后，房子全部由儿子继承。"

几年之后，老张去世了。

老张去世后两个多月，家里气氛稍微缓和了点，老伴儿想起老张生前的叮嘱。她把俩孩子叫过来，跟他们说了老张生前的意思：把房子全过户给她。

其实老伴儿不太懂继承的事儿，说起来的唯一原因，就是想实现老张生前的愿望。老伴儿也没有向孩子们出示老张的遗嘱。两个孩子对老人都比较孝敬、尊重，没有犹豫就都答应了。

又过了五年多的时间，老张的老伴儿也去世了。

去世之前，老伴儿才拿出老张的那份遗嘱，当着两个孩子的面，把遗嘱交给了儿子……

父母都走了，儿女二人商量着怎样处置老人房产的事儿。儿子的意思是，按照老人生前留下来的意思办，说白了，就是想把整套房过户到自己名下。女儿不同意。自己对父母都很孝敬，父亲的这种想法对于她来讲，很不公平。

两人为这事儿争吵了好几次，互不相让。最后没办法，两人打算找个懂的人问清楚。女儿也表态了：如果这份遗嘱真的有效，她认了；但如果无效，两人就必须平分。

结论很简单：遗嘱部分无效。整个房产，按照法定继承，儿女均分。

为什么？

第一个意思，自己去世之后，把自己的份额全给老伴儿，这个没问题。

但第二个意思就有问题了。让老伴儿再把房子都留给儿子，房子都已经归老伴儿了，老张就没有任何权利处置，或者要求别人如何处置。怎样分配，应该是老伴儿自己说了算。而老伴儿又没有遗嘱，所以，只能按照法定继承执行。

其实，老张是想着先保护老伴儿的利益，等二老去世之后再把房子全给儿子。但是，内容如此表达，就有问题了。

一、这份遗嘱有效吗？

先来看一个简单的例子，以下是一份“自书遗嘱”。

遗　嘱

本人张××（身份证号码：×××），与老伴儿李××（身份证号码：×××），自愿在我们走后，对如下财产做出分配：

将我们现在居住的3单元201的房子给到我的大儿子张大×个人。

将××小区1单元101的房子（现出租）给到我的孙子张小×。

以上财产，在我和老伴儿均去世之后方可继承、分割。如果以上继承人主张提前分割，上述财产按照法定继承执行。

立遗嘱人：张××

李××

订立时间：2010年3月

这份遗嘱的意思表述得很清楚：

- 张 ×× 和李 ×× 是老两口。
- 两人都想将他们的两套房子，一套留给大儿子个人，另一套留给孙子。

- 而且说明了，必须等老两口都去世之后，再按照这个意思进行分割。否则遗嘱不生效，按照法定继承执行。

如果是这样一份遗嘱，不考虑其他因素，仅仅从内容表述上，可以告诉大家：

有很大的概率，遗嘱无效。如果有其他继承人不同意，大儿子不可能得到一套房子，而孙子肯定不能直接得到老人的遗产。这份遗嘱内容的表述上，存在很多瑕疵或错误，举例如下：

遗　嘱

本人张××（身份证号码：×××），与老伴儿李××①（身份证号码：×××），自愿在我们走后②，对如下财产做出分配：

将我们现在居住③的3单元201的房子给到④我的大儿子张大×个人⑤。

将××小区1单元101的房子⑥（现出租）给到⑦我的孙子张小×⑧。

以上财产，在我和老伴儿均去世之后方可继承、分割。如果以上继承人主张提前分割，上述财产按照法定继承执行。

立遗嘱人：张××⑨

李××

订立时间：2010年3月⑩

风险①

这份遗嘱是典型的夫妻“共立”遗嘱。首先，从“形式”上，不符合《民法典》规定的合法形式要求。之前我们提过：虽然2018年《北京市高级人民法院关于审理继承纠纷案件若干疑难问题的解答》中有关于共立遗嘱的解释，但是既然不符合法定形式又需要靠“解释”来说明共立遗嘱是否有效，这种风险还是不冒为好。所以，不建议采取这种“共立”的方式订立遗嘱。

错误②

“走后”从意思上比较容易理解。人们往往对于“死亡、过世、去世”之类的词语心存忌讳，所以会用一些委婉的词语代替。但是，“走”代表的意思很多，外出、搬家都可以理解为“走”。所以，这种表述方式属于典型的不准确、不清晰。

错误③

“现在居住的”3单元201的房子，这套房子是哪里的、谁名下的？

这句话的典型错误是：房产信息不完整。

错误④

“给”这个词也属于表述不准确、容易产生歧义的用词。“给”什么？是产权，还是可以居住？或者让其帮忙打理？

错误⑤

“大儿子张大×个人”，这属于信息描述不完整。前面提到过：对于人的描述，要有唯一信息标识，如身份证号码。

错误⑥

“××小区1单元101的房子”，错误同③。但是，这套房子目前处于的状态（现出租）属于无效信息。提醒大家：没用的信息尽可能少写，写得越多，产生错误和风险的概率就越大。

错误⑦

同理，“给”的意思容易产生歧义。但是要注意：这里写的“给到”，与错误④之间的“给到”存在很大的差别。在具体内容阐述中，遗嘱继承人是法定继承人还是非法定继承人，具体写法上不同。

错误⑧

错误情况同⑤。

风险⑨

因为“夫妻共立”会导致最终有两个人的签名。之前介绍过签名的重要性，按照《民法典》中关于遗嘱形式的说明，不同形式的遗嘱有不同的签名要求。

错误⑩

日期仅有年、月。我们反复强调遗嘱“时间属性”的重要性，订立时间，必须细化到“日”。

这是一份非常简单的遗嘱。通过这个例子可以看出，遗嘱从内容表达上，错误分为以下四类。

形式

订立的遗嘱，必须符合《民法典》规定的遗嘱形式。不符合法律规定的形式，尽可能不要采纳，没必要冒这种风险。

信息

这份遗嘱中犯的信息类错误比较多，比如财产的信息描述、人的信息描述。信息的作用是，确保遗嘱中涉及的人、财准确、唯一、没有歧义。

分配方式

分配的方式非常重要。因继承人不同，可以分为继承、遗赠两种常见类型，还要表达清楚继承份额、继承所得归属。

落款

除了因为遗嘱形式不清导致的签名问题之外，还要注意：订立日期非常重要，要细化到“日”。

二、内容表达

一份合法有效遗嘱，从内容表达上，可以参考以下公式：

标题＋声明＋正文＋[条件]＋落款

标题

说明“遗嘱”，用于明确这份文书（影像）表达的主题。

声明

通常情况下，用于表达“这份遗嘱是本人自愿、不受任何人胁迫订立”“本人要对个人财产作出安排”等意思，也是“开篇见意”的作用。

正文

这是一份遗嘱最重要的部分，把人、财信息，分配意愿等表达准确、完整。从形式上同理，无论是“书面”的还是“音像”的。

条件

“条件”为可选项，用于表明“本份遗嘱生效是有条件的”，只有当条件达成，才可以按照遗嘱执行继承。

落款

落款要表明人、日期信息，这非常重要。

“书面”形式的，以书写签字为准；“音像”形式的，以口头表述为准。

三、声明

先来看一个例子。

本人 ×××，身份证号码：×××，于 ×× 年 ×× 月 ×× 日订立 ×× 遗嘱。在本人去世后，自愿对个人遗产做如下安排。

这一段个人声明包含四个非常重要的信息点。

1. 遗嘱人个人信息

示例中，采取的是“姓名 + 身份证号码”的方式。这两个信息相结合，足以证明遗嘱人的唯一性。当然，有些人想多增加一些信息，也是可以的，比如：本人 ×××，身份证号码 ×××，于 ×× 年 ×× 月 ×× 日出生，现居住在 ×××。

这里需要做两点提示：

- 只要能通过信息唯一标识出遗嘱人，信息量是没有限制的。
- 能减少的信息，尽可能减少。写得越多，出错的可能性就越大。

2. 日期信息

示例中，说明了“×× 年 ×× 月 ×× 日订立遗嘱”。这项信息表明的是这份文书生成的时间。请注意，这个时间要与最终签名时间保持一致。

3. 遗嘱类型

表明订立的是什么形式的遗嘱，如自书遗嘱、代书遗嘱等。

4. 声明个人意愿

注意用词：使用“去世、过世、死亡”等表明人去世的精确词语，并且说明所阐述的内容出于本人自愿。

除此之外，在“声明”部分，还可以追加以下信息：

个人民事行为能力的状态信息。比如，“本人思维正常，意识清晰”。当然，最终证明遗嘱人是否具备完全民事行为能力，不是依据这段内容来判定的。

继承人信息。可以在“声明”部分，将继承人的信息提前写清楚。请注意，继承人信息也要表述清晰、唯一。比如，“继承人：张××，本人儿子，身份证号码×××”。

财产信息。将本遗嘱中涉及分配的财产，提前说清楚，如房产。本人名下，位于××，房产证号×××。存款。本人名下，存于××银行，存折号×××。

下面给出一个内容相对全面的“声明”示例。

遗　嘱

遗嘱人：×××，身份证号码：×××。

继承人：1.×××，本人妻子，身份证号码：×××。

2.×××，本人儿子，身份证号码：×××。

财产：

1. 房产。位于××，本人名下，房产证号×××。

2. 存款。存于××银行，本人名下，存折号×××。

本人于××年××月××日订立××遗嘱。订立遗嘱期间，本人确认头脑清醒、意识清晰，本遗嘱完全出于个人真实意愿，未受到任何胁迫、欺诈、诱导。在本人去世后，上述财产中属于本人的份额部分，按照如下方式分配：

……

四、正文表达通用规范

遗嘱正文是整份遗嘱最重要的部分。不同家庭，会涉及不同的财产构成、家庭结构、分配意愿，等等。因此，在本章中将重点来介绍正文表达。

先来了解一下正文表达的五个通用性规范。

1. 继承人信息的表述

姓名 +[关系]+ 身份证号码 +[曾用名]

> 示例：王一（本人儿子，身份证号码：×××，曾用名王二）

- 姓名：王一。
- 关系：本人儿子。
- 身份证号码：×××。
- 曾用名：王二

其中：

- 姓名 + 身份证号码，是标识继承人唯一身份的关键信息。对于外籍人员，可采用护照号码代替身份证号码。
- 关系指的是与遗嘱人的关系，可选。
- 曾用名（如有），可选。

2. 财产信息的表述

财产信息 + 登记产权人 + 财产凭证号 + 份额描述

> 示例：将位于 ×× 街道 ×× 小区 × 单元 101、本人名下的房产（房产证号：×××）中属于我的份额……

- 财产信息：位于 ×× 街道 ×× 小区 × 单元 101 的房产。
- 登记产权人：本人名下。
- 财产凭证号：房产证号 ×××。
- 份额描述：“属于我的份额……”请注意，很多时候，在不太清楚自己在财产中有多少确切份额的情况下，可以用此种表达方式。

这种表述形式，可以准确地表明财产的唯一指向性（通过坐落、凭证号）、遗嘱人在其中的份额（遗嘱只能处理个人份额部分）。

再举两个例子。

> 示例——银行存款：将 ×× 银行、本人名下的存款（银行卡号：×××）中属于我的份额……

用银行、存款凭证号来标识存款。

> 示例——车辆：将本人名下的小型客车（车牌号：××，车辆识别代码：××，发动机号码：××）中属于我的份额……

用车辆识别代码、发动机号码来标识车辆。其中，车牌号可选。

3. 继承方式的表述

由 ×× 继承或遗赠给 ××

在遗嘱中指定的继承人，有两种类型：一种类型是法定继承人，比如指定给自己的儿子；另一种类型是非法定继承人，比如指定给自己的孙子。根据遗嘱指定的继承人类型不同，在表述方式上有差别。

《民法典》中有相关规定。

第一千一百三十三条

第二款　自然人可以立遗嘱将个人财产指定由法定继承人中的一人或者数人继承。

第三款　自然人可以立遗嘱将个人财产赠与国家、集体或者法定继承人以外的组织、个人。

- 对于法定继承人："由 ×× 继承。"

比如：

> ……属于我的份额，由张 ××（本人儿子，身份证号码：×××）全部继承。

注意，这里所说的法定继承人，既包括第一顺序继承人，也包括第二顺序继承人。

- 对于非法定继承人："遗赠给 ××。"

比如：

……属于我的份额，全部遗赠给张 ××（本人孙子，身份证号码：×××）。

4. 分配方式的表述

全部、2/3、50%

比如：

- 由张 ××（本人儿子，身份证号码：×××）全部继承。
- 由张 ××（本人儿子，身份证号码：×××）继承 30%。
- 由张 ××（本人儿子，身份证号码：×××）继承 1/3。
- ……

这种表述方式的好处在于，不会遗漏份额，最终加起来构成财产的全部。有些人订立的遗嘱中，关于份额分配这样表达："东边的卧室由大儿子继承，西边的卧室由小儿子继承……"但是，这种表述方式，很可能会遗漏房产中的部分份额，比如，过道怎样分？厨房卫生间怎样分？是平均分配吗？

5. 归属的表述

法定继承情况下，继承所得属于夫妻共同财产。

遗嘱继承情况如下：

- 如果遗嘱中未说明是由指定的继承人"个人继承"，继承所得属于夫妻共同财产。

- 如果遗嘱中声明由继承人“个人继承”，继承所得属于继承人个人财产。

因此，如果仅希望留给继承人个人，可以参考如下写法：

由 × × 个人全部继承，不作为夫妻共同财产。

五、九种情况下的正文表达

了解了上面五个正文表述的通用规范之后，订立遗嘱就变得比较容易了。但是，遗嘱不仅仅是一个简单的“财产分配”文书，更重要的是掌握订立遗嘱过程中的思维逻辑，希望能起到的作用和达到的目的是什么：想给谁？为什么给？给多少？怎样给？

举个例子：老人遗嘱订立得很规范，没有瑕疵，说好了把财产全留给儿子一个人。但是，儿子后来对老人不孝敬了，老人想改遗嘱也已经来不及了。等到遗嘱生效的时候，儿子如愿以偿地得到了财产，老人却含恨而终。

这份遗嘱有效吗？肯定有效。

老人订立遗嘱的目的最终达到了吗？肯定没有。

因此，订立遗嘱最重要的是先想明白订立遗嘱希望达到的目的，然后付诸行动。

下面我们针对九种常见的情况和财产类型进行分析，并给出正文范本。

情况（一）：父母双方均自愿将财产留给子女

很多老年人夫妻并不忌讳，有提前订立遗嘱的意识。比如，任何一方去世之后，都会把个人的财产部分给到自己的儿女。

这种意愿代表了老人对子女的信任和关爱。

这里提供一个自书遗嘱的范例：

> **遗　嘱**
>
> 本人张××，身份证号码：×××，于××年××月××日订立遗嘱，在本人死亡后，自愿对个人生前合法财产做如下安排：
>
> 将××省××市××区××小区××号楼×××，本人与李××（本人配偶，身份证号码：×××）名下的房产（房产证号：×××）中属于我的份额，由张小×（本人儿子，身份证号码：×××）全部继承。
>
> 遗嘱人：张××
>
> 订立日期：××年××月××日

另一方参照上述范本，单独另行书写一份。其中，标注部分替换：

①修改为遗嘱人本人的信息。

②修改其中关于配偶的信息部分。

③签订自己的名字并注明订立日期。

父母均安排将属于自己的个人财产留给子女，适用于“指定的子女对待老人非常孝敬，完全值得老人信任”的情况。

如果一方去世之后，将个人财产全部指定由自己的子女继承，结果是：子女会有一部分财产所有权。对于健在的一方来讲，结果会是什么呢？

1. 健在的一方不具备单独处置权

《民法典》中有相关规定。

第三百零一条 处分共有的不动产或者动产以及对共有的不动产或者动产作重大修缮、变更性质或者用途的，应当经占份额三分之二以上的按份共有人或者全体共同共有人同意，但是共有人之间另有约定的除外。

也就是说，如果一方去世之后，健在的一方打算处置房产，不到 2/3 的情况下，自己无法处置。

2. 削弱了激励子女赡养的话语权

子女按照遗嘱继承之后，即使不再为父母尽赡养义务，也已经把一部分财产拿到手里，约束子女尽孝的力度就削弱了。

●●● 情况（二）：双方健在，优先保护好老伴儿

如果老人担心自己先去世，健在的老伴儿权利无法得到保护，怎么办？所以，有些老人就考虑：如果自己先去世，就把属于自己的财产都留给老伴儿。先给出一个遗嘱范本，再探讨其中存在的问题，有没有更好的方案。

> **遗　嘱**
>
> 本人张××，身份证号码：×××，于××年××月××日订立遗嘱，在本人死亡后，自愿对个人生前合法财产做如下安排：
>
> 将××省××市××区××小区××号楼×××，本人与李××（本人配偶，身份证号码：×××）名下的房产（房产证号：×××）中属于我的份额，由李××全部继承。
>
> 遗嘱人：张××
>
> 订立日期：××年××月××日

另一方参照上述范本修改一下即可。但是，这里会有一个非常重要的问题——谁知道谁会先去世呢？

因为这种无法预判性，就会导致其中一份遗嘱失效：后去世的一方订立的遗嘱无效，因为指定的继承人已经去世。请注意，不能采取比如“先由老伴儿继承，老伴儿去世后再由子女继承”这类的表达方式。继承权给了老伴儿，再给谁，就不是遗嘱人能决定的了。

为保证双方订立的遗嘱都能生效，可以有两种方式。

方式①：指定后续继承人

先看看范本。

> **遗　嘱**
>
> 本人张××，身份证号码：×××，于××年××月××日订立遗嘱，在本人死亡后，自愿对个人生前合法财产做如下安排：
>
> 将××省××市××区××小区××号楼×××，本人与李××（本人配偶，身份证号码：×××）名下的房产（房产证号：×××）中属于我的份额，由李××全部继承。
>
> 若李××先于本人去世，上述房产中属于我的份额（包括自有份额和我继承李××的份额），由张小×（本人儿子，身份证号码：×××）全部继承。
>
> 遗嘱人：张××
>
> 订立日期：××年××月××日

另一方参照上述范本修改即可。

这个范本，通过指定后续继承人的方式，解决了上面的问题：

- 假设自己先去世，个人的财产，全部由老伴儿继承。
- 假设老伴儿先走了，自己的份额（包括自有份额和继承对方的份额）指定由儿子（后续继承人）继承。

方式②：附条件

> **遗　嘱**
>
> 本人张××，身份证号码：×××，于××年××月××日订立遗嘱，在本人死亡后，自愿对个人生前合法财产做如下安排：
>
> 将××省××市××区××小区××号楼×××，本人与李××（本人配偶，身份证号码：×××）名下的房产（房产证号：×××）中属于我的份额，由张小×（本人儿子，身份证号码：×××）全部继承。
>
> 在本人和李××均去世后，上述房产方可继承、分割，本人和李××任何健在一方均享有上述房产的居住权。
>
> 若张小×要求提前分割，以上其所应继承的份额改由李××全部继承。
>
> 遗嘱人：张××
>
> 订立日期：××年××月××日

这个范本中，老人还是把财产给到子女继承，但是，是“有条件”的继承：

- 在世一方，必须保留在房子中的居住权。
- 必须等到双方都去世之后才能继承。这种方式也起到保护后去世一方权利的作用。

关于“附条件”，后面会有单独章节详细说明。

情况（三）：一方去世

很多人有一个非常大的认知误区：本来属于夫妻双方的房子，一旦一方去世了，房子就属于在世一方个人。

之前有关“继承”的介绍中谈到，只要去世人不只有一个法定继承人，在没有遗嘱的情况下，原本只属于两个人的财产，很有可能会被多人分割。

因此，多数情况下，当一方去世之后，紧要的事情是抓紧办理继承。

当一方去世之后办理继承手续，应当遵循哪些原则？这里给出两条建议：

建议一：避免过度分散，尽可能“集中继承”。

财产分配得越分散，未来发生争议的可能性就越大，这是很简单的道理。比如想卖房，有人同意，有人不同意，最终房子就无法处置。因此，可以将遗产集中给在世一方，也可以给到孝顺子女。

建议二：尽可能避免“向上继承”。

尤其是针对年事已高的父母，若一方去世且去世方的父母还在世，这种“向上继承”会对未来继承造成比较大的麻烦。比如，到时候需要祖辈的父母的死亡证明，还可能发生“转继承”，多出叔伯姑姨来分自家的财产。

但是，即使不办理继承手续，也不妨碍在世一方订立遗嘱的必要性。即使房产不完全属于自己，在世人依然可以通过订立遗嘱的方式，建立起对自己和继承人的保护。

一方去世、尚未办理继承手续的情况下，订立遗嘱非常必要：

- 即使财产不完全属于自己，但是手中拥有的财产依然价值不菲。这是保护自己的一个重要的经济“筹码”，可以起到对子女孝敬与否的约束和奖励作用。
- 可以避免子女提前主张分割财产。对于尚未继承的财产部分，任何人都无权处置。唯一能作出安排的，是在世一方个人掌握的财产。这部分财产可以用于约束子女主张分割其他财产，避免自己的利益无法保障的风险。
- 如果丧偶之后有再婚的打算，最好提前订立一份遗嘱，比如，给到子女继承，在一定程度上，可以打消子女担心“财产外流”的顾虑。

简单来讲就是通过运用自己手中已有的财产，形成对自己未来生活的保障，并约束子女赡养与否的行为。

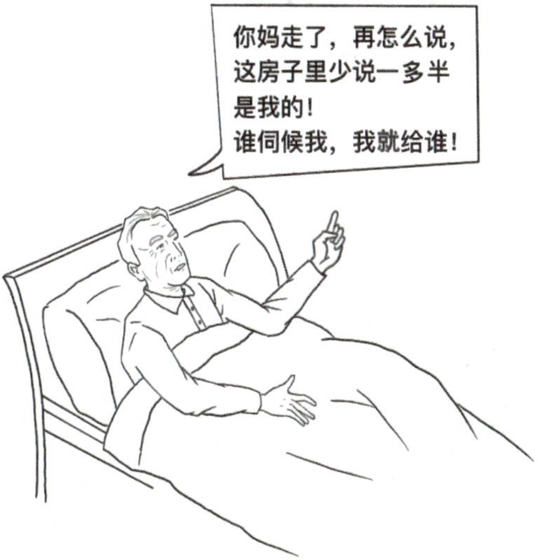

看看如下遗嘱范本，仍以“自书遗嘱”为例。

遗　嘱

本人张××，身份证号码：×××，于××年××月××日订立遗嘱，在本人死亡后，自愿对个人生前合法财产做如下安排：

将××省××市××区××小区××号楼×××，本人与李××（本人配偶，身份证号码：×××）名下的房产（房产证号：×××）中属于我的份额和我继承的份额，由张小×（本人儿子，身份证号码：×××）全部继承。

张小×需为我养老送终，包括支付本人生前起居饮食、住院医疗的一切费用、后事办理的一切费用支出。

若张小×未履行上述条件，以上其所应继承的份额改由××继承。

遗嘱人：张××

订立日期：××年××月××日

注意上面范本中的两个提示：

①因为没有办理继承，在去世方留下的遗产中，可能会有自己可继承的份额。在不清楚自己到底可继承多少份额的情况下，可采取“我继承的份额”的表述方式。

②用自己手中的财产约束子女的赡养行为，可以附加条件，比如，要求指定的继承人照顾自己的起居生活，承担自己看病、医疗、后事等费用。请注意：关于赡养行为，要尽可能描述具体。

情况（四）：给到孙辈

很多老年人特别喜爱自己的孙子，打算将自己的财产直接留给孙子。这种情况下，遗嘱是一种最好的方式。但是，立遗嘱给“孙辈”与给到法定继承人，存在较大的区别：孙辈不属于法定继承人范围。

我们把概念稍微延伸一下：打算通过遗嘱把财产给到法定继承人以外的人，这种行为称为“遗赠”。

前面我们提过：遗嘱继承与法定继承最大的区别在于，遗嘱可以指定任意合法的继承人，包括个人和机构，而法定继承的分配对象，仅限于法定继承人范围。现实中存在很多类似的案例：老人费尽心思订立了一份很严谨的遗嘱，想把财产给到自己疼爱的孙子，最终却无法生效。这是为什么？

这与“遗赠”的法律规定有关。

《民法典》中有相关规定。

第一千一百二十四条 继承开始后，继承人放弃继承的，应当在遗产处理前，以书面形式作出放弃继承的表示；没有表示的，视为接受继承。

受遗赠人应当在知道受遗赠后六十日内，作出接受或者放弃受遗赠的表示；到期没有表示的，视为放弃受遗赠。

也就是说：

有效遗赠 = 合法有效遗嘱 + 限期作出接受表示

“受遗赠”与“继承”最大的区别在于：

- 继承，只要不作出书面放弃，默认为接受；

- 受遗赠，如果在规定时限范围内不作出接受表示，默认为放弃。

这是关于遗嘱、继承中的一个非常重要的时间点：60 天（在原《继承法》中规定的是“两个月”）。

对于遗嘱指定的非法定继承人，必须在应当知道遗赠这件事之日起、60 天内作出接受表示。那么，什么叫“应当在知道受遗赠后”？

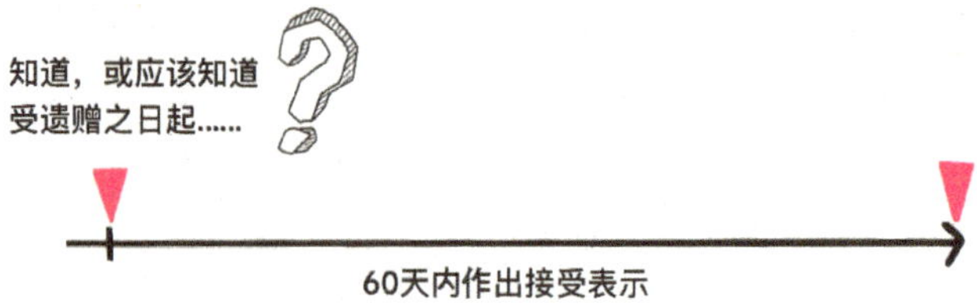

字面上的理解是：什么时候该知道这件事，就作为计时的起点。但是，知道受遗赠这件事，与遗嘱人是否去世之间存在关系吗？关于从什么时间开始算，现实中存在争论。

- 一种观点是，从遗嘱人去世开始。因为遗嘱是在遗嘱人去世之后才生效。未去世时，遗嘱不生效，谈何接受不接受呢？
- 另一种观点是，从开始知道这件事算起，不管遗嘱人是否去世。因为法条中规定的“知道受遗赠”这句话，可以理解为知道这件事，并没有指明必须等到遗嘱人去世，而且作出接受表示，只是一个过程动作，表明“不放弃”的态度。

笔者认为，最好采取第一种方式。这样的话，关于 60 天的时间限制要求，就不容易超期。

先给出一个“遗赠”的遗嘱范本。

> **遗 嘱**
>
> 本人张 ××，身份证号码：×××，于 ×× 年 ×× 月 ×× 日订立遗嘱，在本人死亡后，自愿对个人生前合法财产做如下安排：
>
> 将 ×× 省 ×× 市 ×× 区 ×× 小区 ×× 号楼 ×××，本人与李 ××（本人配偶，身份证号码：×××）名下的房产（房产证号：×××）中属于我的份额，全部遗赠给张小 ×（本人孙子，身份证号码：×××）。
>
> 张小 × 需为我养老送终，包括支付本人生前住院医疗的一切费用、后事办理的一切费用支出。若张小 × 未履行上述条件，以上其所应继承的份额改由 ×× 继承。
>
> 遗嘱人：张 ××
>
> 订立日期：×× 年 ×× 月 ×× 日

请注意上面范本中的用语：“遗赠给”。

这里仅做一个探讨：“遗赠给 ××”与“由 ×× 继承”之间的区别是什么？

遗赠，可以理解为“身后将个人财产赠送”，受赠人本身是不具有法定继承权的。

因此，用“继承”表述不太严谨，“遗赠给”这种表述方式，对遗产分配性质体现得更为准确。

"遗赠"性质的遗嘱，在订立时需要考虑一些风险。

受遗赠人并非法定继承人，通过遗嘱手段来实现这种分配意愿，最大的风险在于法定继承人与受遗赠人之间存在"争产"的风险，而具有法定赡养义务的，主要是老人的子女。孙辈或者其他非法定继承人，除非特定情况，否则没有赡养义务。

尤其是如果老人有多个子女，将个人财产通过遗嘱的形式遗赠给其他人，那么，"有赡养义务的是我，得利的却是别人"，就很可能产生付出与回报不对等、不公平的心理。

所以，把财产留给非法定继承人的时候，出于公平，建议遗嘱人增加条件，而非单凭自己的喜爱。如前述范本中给出的示例，仍然可以约定受遗赠人对自己的赡养。

关于遗赠，还有一个很重要的动作：作出接受表示。

法律没有规定"接受表示"的形式、方式。所以，如何证明受遗赠人在规定时限范围内作出了正确的接受表示，尤为关键。

从形式上，接受表示，可以是书面的、口头的，如果不放心还可以公证。

但是，要确保有效，必须同时满足两个条件：

- 一个是内容表达要正确、准确；
- 另一个是有充分的证据证明：是在规定时限范围内作出的接受表示。

如果通过"书面"形式作出表示：

- 一种方式是公证。这种方式比较严谨，公信力相对更强；
- 另一种方式是受遗赠人可自行书写一份接受声明。

如果通过"口头"形式作出表示：

- 最好通过录音录像的方式，将接受过程录制并保存下来；或者将电子证据（如关于接受遗赠的聊天记录、电子邮件等）

妥善保存。

无论是书面还是口头，接受遗赠声明中，有三个关键点需要注意：

①信息表达要完整、准确、唯一。包括：

- 人的信息（姓名、关系、身份证号码）；
- 时间信息（得知时间、遗嘱订立时间、声明时间）。

②要注意时间对应关系：

遗嘱订立时间、得知时间、声明时间三者之间有明确的先后关系，同时，要确保得知时间和声明时间，相差不得超过60天。

一般来讲，三个时间点的先后顺序是：遗嘱订立时间早于得知时间，得知时间早于声明时间。

③作出接受表示，依然遵循这样的思路：强调证据，避免出现类似“你这份接受声明是后补的”等质疑、纠纷。

因此，可以考虑在作出接受表示的过程中，纳入如见证人、录音录像、电子证据等证据。

这里给出一个接受遗赠的内容表述示例。

接受遗赠声明

本人张小×（身份证号码：×××）于2020年2月1日得知张××（本人爷爷，身份证号码：×××）遗赠事宜。

本人自愿接受张××自书遗嘱（订立于2020年1月20日）中遗赠给我的财产。

本人作出上述接受遗赠的表示，纯属自愿，未受到其他任何人的胁迫、诱导。

声明人：张小×

声明日期：2020年2月5日

注意上述示例中三个时间点：

- 遗嘱人订立遗嘱的时间是2020年1月20日；
- 受遗赠人得知时间是2020年2月1日；
- 受遗赠人作出接受表示的时间是2020年2月5日。

这三个时间点，满足先后顺序关系，同时“得知之日”和“作出接受表示之日”相差不到60天。因此，在时间上不存在逾期的问题。

此外，关于其中表述内容的信息阐述得比较清晰，遗嘱人、受遗赠人等不会产生歧义。

情况（五）：再婚家庭

再婚家庭与原配家庭最大的区别在于法定继承人范围。关于法定继承人范围，主要区分以下三种情况：

- 如果是离婚之后再婚，前配偶对自己的财产没有法定继承权，再婚配偶有法定继承权。
- 如果与前任配偶有子女，无论子女是随自己还是随前任，因为是自己的“生子女”，按照法定继承，子女对自己的财产有法定继承权。
- 再婚配偶带过来的子女，属于“继子女”。继子女对自己的财产是否有法定继承权，要看是否存在扶养关系。

以男方为例，再婚配偶、子女、继子女对其财产有无法定继承权的情况如下：

<table>
<tr><th>角色</th><th>子女情况</th><th>法定继承结论</th></tr>
<tr><td rowspan="4">男方</td><td>无子女</td><td>再婚妻子对自己财产有法定继承权。</td></tr>
<tr><td>有子女已成年</td><td rowspan="2">自己的子女、再婚妻子对自己财产有法定继承权；
自己的子女对再婚妻子财产无法定继承权。</td></tr>
<tr><td>有未成年子女，随前妻</td></tr>
<tr><td>有未成年子女，随自己</td><td>自己的子女、再婚妻子对自己财产有法定继承权；
自己的子女对再婚妻子财产有法定继承权。</td></tr>
<tr><td rowspan="4">再婚妻子</td><td>无子女</td><td>再婚妻子对自己财产有法宝继承权。</td></tr>
<tr><td>有子女已成年</td><td rowspan="2">再婚妻子的子女，对自己财产无法定继承权。</td></tr>
<tr><td>有未成年子女，随其前夫</td></tr>
<tr><td>有未成年子女，带在身边</td><td>再婚妻子、再婚妻子的子女，对自己财产有法定继承权。</td></tr>
</table>

客观地讲，再婚之后，与子女、配偶的亲疏关系是有区别的。因此，往往会涉及未来财产分配给谁的问题。比如：

- 很惦记随前配偶的孩子，想留一些财产给他们；
- 与前配偶的子女已经多年不来往，不想给他们，只想留给再婚后生的子女；
- 与现任配偶的孩子之间没有扶养关系，但是孩子对自己很好，而孩子又没有法定继承权；

……

种种情况导致在遗产分配的时候，法定继承容易产生争议，或者给不到自己想给的人。

因此，提前订立一份遗嘱非常必要。

下面给出两个遗嘱范本，仅就“分配意愿”部分示例。

示例（一）：给到法定继承人

……将位于×××、本人名下的房产（房产证号：×××）中属于我的份额，由×××（本人女儿/继女/妻子，身份证号码：×××）个人全部继承，不作为夫妻共同财产。

……

示例（二）：给到非法定继承人

……将位于×××、本人名下的房产（房产证号：×××）中属于我的份额，全部遗赠给×××（本人继女，身份证号码：×××）个人，不作为夫妻共同财产。

……

晚年“夕阳红”

老年人有追求晚年再婚的权利吗？当然有。

晚年再婚需要征求孩子同意吗？法律上不需要，因为婚姻自由。

任何人都有追求自己幸福生活的权利。但是，晚年再婚往往会因已有的家庭结构情况导致不那么顺利。

- 找个后老伴儿，结果后老伴儿把财产分走了；
- 继母陪着父亲走完最后一程，父亲去世后，子女们却将继母赶出家门；
- 子女们年纪也大了，心理上、情感上不愿意接受多一个“后爸、后妈”；

……

种种因素导致老年人晚年再婚受到的影响比较多，往往让老年人陷入两难的困境。

有人说：都这岁数了，搭伙过日子就行了，何必再婚？领结婚证也好，只是搭伙过日子也罢，都有一个很重要的前提——初心是什么？

是想找个共度余生的人，还是想找个免费保姆或者护工，还是看中对方家的财产？

如果只是想找一个人免费伺候自己，就要换位思考：你能给对方什么？对方凭什么要免费伺候你？

如果是看中对方家的财产，也要换位思考：对方的财产是怎样来的，与你没有任何关系，凭什么给你？初心不正，别人提防岂不很正常？

所以，晚年找老伴儿的动机应该很纯粹——希望有人和自己一起走完人生的最后一程。

晚年选择再婚，要考虑到两个和财产有关的因素：

- 一个是如何保护好再婚老伴儿的利益。万一自己比再婚老伴儿先去世，怎样对其负责？
- 另一个是如何保护好自己子女的利益。如果自己先去世，按照法定继承，子女们是不可能继承全部财产的。

上述两个顾虑，完全可以通过一份合法有效的遗嘱来解决。遗嘱内容，要表达出两层意思：

- 一是打消子女们关于财产“被分走”的忧虑，同时也要用财产来激励和约束子女们的行为。
- 二是要保护好自己的再婚老伴儿，要对对方负责，毕竟是陪着自己度过晚年的人。

这里给出一个范本示例。

> **遗　嘱**
>
> 本人张××，身份证号码：×××，于××年××月××日订立遗嘱，在本人死亡后，自愿对个人生前合法财产做如下安排：
>
> 将××省××市××区××小区××号楼×××，本人名下的房产（房产证号：×××）中属于我的份额，由张小×（本人儿子，身份证号码：×××）全部继承。
>
> 若本人先于赵××（本人妻子，身份证号码：×××）去世，保留赵××在上述房产中的单独居住权，未经赵××同意，不得进行提前分割。
>
> 遗嘱人：张××
>
> 订立日期：××年××月××日

在这个范本中：

①再婚之前的财产，全部留给自己的儿子。客观地讲，这部分财产，再婚配偶其实没有什么贡献。

②要保护好自己再婚老伴儿的晚年生活。财产不给再婚老伴儿，但是可以让再婚老伴儿一直住着，这也是一种对再婚配偶尊重和负责的态度。

在《民法典》中，新增了关于“居住权”的规定。居住权，可以通过遗嘱指定。

第三百七十一条　以遗嘱方式设立居住权的，参照适用本章的有关规定。

情况（六）：宅基地房

目前宅基地房在我国大量存在，指建在村集体分配的宅基地上的房产。

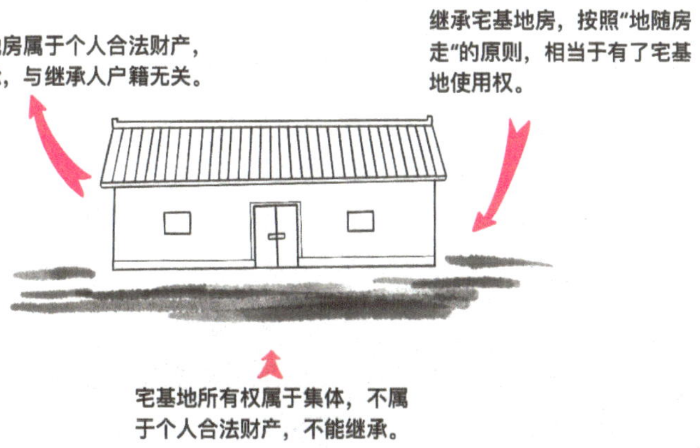

宅基地房与城镇商品房之间最大的区别在于土地使用性质：

- 宅基地所有权属于集体，采取的是无偿分配方式，分配对象仅限本集体成员。

- 商品房的土地所有权属于国家，采取的是购买使用权的方式。在老百姓购买房产中，土地的使用权价格已经计入售卖房价中。

在我国住房制度改革的进程中，关于宅基地房的凭证情况不一。有的有房产证、土地证；有的只有土地证，没有房产证；有的甚至什么凭证都没有。

宅基地上的房子作为个人合法财产，是可以订立入遗嘱的，而且继承人不局限于本集体成员。

有房产凭证的，参照前述有关示例的写法。在没有房产凭证的情况下，就需要通过另一种表述形式，对房产作出“唯一”标识。

示例：

> **遗　嘱**
>
> 本人张××，身份证号码：×××，于××年××月××日订立遗嘱，在本人死亡后，自愿对个人生前合法财产做如下安排：
>
> 将位于××省××市××村集体的宅基地房（东邻××、西邻××、南邻××、北邻××）中属于我的份额，由张小×（本人儿子，身份证号码：×××）个人全部继承。
>
> 遗嘱人：张××
>
> 订立日期：××年××月××日

这个示例中，对宅基地房采取的是“定位”的方式——通过圈定房产东、西、南、北四个方向的位置。

如果没有任何凭证又是合法的宅基地房，通过位置定位，也可以表示出房产的唯一性。

有些人可能会有疑问：万一东西南北的参照物变了怎么办？这里遵循的是“延续性”原则。即使未来周围参照物变了，也是可以“溯及以往”的。

还有些人可能会问：照这样说，普通商品房不也可以用定位的方式来写吗？何必再加上房产证编号？

理论上是可以的。之前给出的关于房产的书写方式中，都加了一句关于坐落的表述。但是，有一个重要的区别：合法的普通商品房，一定办理过登记手续，在不动产登记系统中是可查的。将房产证信息写入，能更精确地标识房产唯一性；而宅基地使用权、宅基地房的确权登记情况全国进展不一，有的可能没有凭证。

情况（七）：车辆

车辆是一种比较特殊的财产类型——车辆不可被分割。在现实登记中，一部车的所有人只能登记为一个人。还有一种情况：车牌的问题。很多地区，车牌都处于“一牌难求”的状态，甚至车牌比车都值钱。关于车辆的继承，有两个知识点。

车辆是财产，车牌不是财产。

车牌本身不是独立存在的一个物件。车牌必须安装到车辆上，才有作用，因此，如果人去世了，车牌不是遗产，车辆才是。

但是，因为车辆和车牌之间的不可分割性，所以，取得了车，也就取得了车牌。

车辆，可被多人继承，但只能归属一人名下。

我们举个例子：如果老人打算把车辆给到两个孩子，各自占50%。但是，行驶证上只能写一个人的名字，那最终车辆算谁的？

车辆不同于房产，从另一个角度来看，车辆还有一定的法律属性在里面，比如，如果出现交通事故，就要追到责任人。

所以，如果涉及多人共同继承一部车辆的时候，往往按照以下原则来处理：

- 一方得到全部，按照其他继承人可继承的份额进行折算、补偿。
- 处置车辆（当然，车牌也需要同时转让），按照各自的继承份额，分配处置所得。
- 互不相让而又无法协商一致的情况下，自行“竞拍”，价高者得。

车辆这项财产，在遗嘱中的信息表述，主要与《机动车行驶证》内页信息保持一致。在《机动车行驶证》中有两个关键信息，是对车辆的唯一标识：

- 车辆识别代码
- 发动机号码

在订立遗嘱时，将此两项信息写清楚、写准确即可。

> **遗　嘱**
>
> 本人张××，身份证号码：×××，于××年××月××日订立遗嘱，在本人死亡后，自愿对个人生前合法财产做如下安排：
>
> 本人名下的小型客车（车牌号××，品牌型号××，车辆识别代码××，发动机号码××）中属于我的份额，由张××（本人儿子，身份证号码：×××）个人全部继承，不作为夫妻共同财产。
>
> 遗嘱人：张××
>
> 订立日期：××年××月××日

请注意：上述示例中，车牌号、品牌型号信息可以不写。

情况（八）：拆迁房

几乎每次“拆迁”都会造就一批拆迁户。当然，也经常会引起家庭矛盾，毕竟财产一下子增长了许多。

所以，关于拆迁房如何进行分配，是很多家庭经常面临苦恼甚至严重影响家庭和谐的一件事情。

关于巨额财产的分配，是在获取之时就分，还是留待身后再分，这是真正需要考虑的问题。

笔者曾多次表达类似的观点：财产分配必须谨慎。什么时候分，影响的不是子女，而是自己；分给谁，分多少，则体现了分配的艺术——分好了，大家都高兴；分不好，则家庭动荡。

拆迁房会有三种情况，在订立遗嘱的时候，表达方式有比较大的区别。

①拆迁前——确定要拆，但是还没拆

②拆迁中——房子已拆，但新房还没下来

③拆迁后——已经完成新房安置

对于上述第三种情况不再赘述，与之前给出的示例中关于房产的表述方式相同。

情况①：拆迁前——确定要拆，但是还没拆

示例：

> **遗　嘱**
>
> 本人张××，身份证号码：×××，于××年××月××日订立遗嘱，在本人死亡后，自愿对个人生前合法财产做如下安排：

> 将××省××市××区××小区××号楼×××、本人名下的房产（房产证号：×××）中属于我的份额，由张小×（本人儿子，身份证号码：×××）全部继承。
>
> 若上述房产拆迁，所获得的全部补偿（包括现金补偿、房产补偿等），全部按照上述继承方式。
>
> 遗嘱人：张××
>
> 订立日期：××年××月××日

这种情况下，原房产还没有灭失，所以依然可以将原房产信息立入遗嘱。

但是，拆迁方案还没有下来，并不知道这套房未来会变成什么，是补偿房子，还是补偿现金？

因此，再增加一句话：说明这套房子未来延续出来的财产，依然按照指定的继承方式执行即可。

情况②：拆迁中——房子已拆，但新房还没下来

这种情况有点麻烦。先给出一个示例。

> **遗　嘱**
>
> 本人张××，身份证号码：×××，于××年××月××日订立遗嘱，在本人死亡后，自愿对个人生前合法财产做如下安排：
>
> 本人于××年××月××日与×××拆迁办签订《房屋征收与补偿协议》，协议编号×××。
>
> 其中，被征收房产信息如下：位于××省××市××区××小区××号楼×××，本人名下（房产证号：×××）。

房屋安置信息如下：××省××市××小区××号楼×××。

以上安置房中属于我的份额，由张小×（本人儿子，身份证号码：×××）全部继承。

遗嘱人：张××

订立日期：××年××月××日

在安置房还没有正式下来之前，房产的可变性是存在的。比如，本来通过协议计划安置1号楼101，可能最终楼号重排了，变成2号楼101。

但是，拆迁协议是唯一的，通过“拆迁协议”中的信息表述，依然可以证明未来安置的房产的唯一性。即使后来变动了，信息不对了，也不影响，因为财产是从协议中延续下来的。

情况（九）：析产完毕，但还没有过户的财产

在现实中还存在一种情况：财产已经析产完毕，但是因为某些原因，没有完成过户手续。没有过户，意味着财产还没有登记到个人名下。

比如，在离婚的时候，双方通过协议的形式约定，房子全部归男方，所有现金归女方，但是因为各种原因，还没有办理完过户手续。

如果这种情况下有订立遗嘱的念头，前提是必须对财产分割有明确的约定证明，包括协议书、判决书、公证书等客观凭证。

我们仍用一个范例来说明。

遗 嘱

本人张××，身份证号码：×××，于××年××月××日订立遗嘱，在本人死亡后，自愿对个人生前合法财产做如下安排：

根据中华人民共和国×××判决书（判决书编号×××）：位于×××、本人与×××共有房产（房产证号：×××）中，判决结果如下：本人分得××份额。

在本人去世后，以上份额全部由×××（本人女儿，身份证号码：×××）个人全部继承，不作为夫妻共同财产。

遗嘱人：张××

订立日期：××年××月××日

六、附条件

遗嘱是一种“单方行为”，遗嘱人完全按照自己的意愿，对自己的合法财产作出提前安排。

这种单方行为会衍生一个问题：只要遗嘱中指定的继承人或受遗赠人不放弃，就可以“无条件”获得遗嘱人的遗产。

比如，夫妻双方各自订立遗嘱给到自己的子女，一方去世之后，子女继承下来，但是不赡养在世一方。这不就违背了父母奖励子女的初衷吗？

因此，遗嘱中，完全可以附加条件，只有在满足条件的情况下，才可以继承。

附条件的目的和作用是什么？

作用（一）：继承人要付出，才能得到财产

这体现的是一种“付出与回报对等”的公平做法。继承人要有付出（条件），才能得到应得的财产。

作用（二）：保护遗嘱人的生前利益

虽然继承是身后事，但是对于遗嘱人而言，如果提前谈好“条件”，就会对遗嘱人的生前利益形成保护，也对继承人有了约束。

作用（三）：保护好其他继承人的权益

财产可以给到指定继承人，但是对于其他继承人，通过附加条件的方式，可以形成保护作用。比如，自己去世后，把财产都留给子女，但条件是子女必须赡养在世一方。

所以，在订立遗嘱的过程中，可以附加一系列的条件：

只有满足条件，才能得到财产。由此，通过遗嘱人的口吻，对继承人形成约束。

订立遗嘱，属于民事行为。

在《民法典》中，关于民事行为中的“条件”有明确规定。

第一百四十三条 具备下列条件的民事法律行为有效：

（一）行为人具有相应的民事行为能力；

（二）意思表示真实；

（三）不违反法律、行政法规的强制性规定，不违背公序良俗。

第一百五十八条 民事法律行为可以附条件，但是根据其性质不得附条件的除外。附生效条件的民事法律行为，自条件成就时生效。附解除条件的民事法律行为，自条件成就时失效。

第一百五十九条 附条件的民事法律行为，当事人为自己的利益不正当地阻止条件成就的，视为条件已经成就；不正当地促成条件成就的，视为条件不成就。

因此，关于“附条件”，在订立遗嘱过程中，可以有三个基本结论：

- 遗嘱可以附加条件；
- 条件必须合法；
- 条件不能违背公序良俗。

先来看看几个例子。

示例（一）

> **遗　嘱**
>
> ……
>
> 在本人去世后，以上财产全部由李××（本人配偶，身份证号码：×××）个人全部继承。
>
> 李××不得再婚，如果再婚，以上财产该由×××（本人儿子，身份证号码：×××）个人全部继承。
>
> 遗嘱人：张××
>
> 订立日期：××年××月××日

在上面这个示例中，遗嘱人将财产指定由自己的配偶继承。但前提是不能再婚。这种条件有效吗？

肯定无效。这种条件，属于违背“公序良俗”的情况，这种条件不成立。任何人都不能剥夺他人婚姻自由的权利。

示例（二）

> **遗　嘱**
>
> ……
>
> 在本人去世后，以上财产全部由×××（本人儿子，身份证号码：×××）个人全部继承。

> 在本人儿子×××去世后，以上财产由×××（本人孙子，身份证号码：×××）个人全部继承。
>
> 遗嘱人：张××
>
> 订立日期：××年××月××日

这个例子中，遗嘱人表达了两层意思：

- 第一层意思，是指定儿子作为自己的财产继承人。
- 第二层意思，要求儿子去世之后，把这笔财产再给到孙子继承。

这种附加的条件，无效。

遗嘱人有权利把个人拥有的财产指定给儿子继承。但是，一旦遗嘱生效，儿子有了继承权之后，如何再行处置，是儿子自己的权利，与遗嘱人无关。

所以，遗嘱人干涉儿子如何再次分配的条件无效。

示例（三）

> **遗　嘱**
>
> ……
>
> 在本人去世后，以上财产全部由×××（本人儿子，身份证号码：×××）个人全部继承。
>
> ×××必须赡养我，如果不赡养，以上财产全部遗赠给×××（本人孙子，身份证号码：×××）个人。
>
> 遗嘱人：张××
>
> 订立日期：××年××月××日

这个例子的意思很容易理解：遗嘱人是以赡养为条件，将财产给到儿子。如果儿子不养，财产改由孙子继承。意思上没问题，也不能绝对定义条件无效。但是，不太具有可操作性。

“赡养”是什么意思？如何界定是否赡养？这种评价标准过于模糊，比如给钱、买菜、打电话、生病陪床、陪老人吃饭，做到这些，是不是就算赡养了？

所以，条件必须明确、可评估。

泛泛而谈的条件，遇到想争产的继承人，很可能会让遗嘱变得难以执行。

以上示例中的“条件”，要么无效，要么难以执行。

在遗嘱中，应当如何约定、表述“条件”？

“附条件”可采取两段论的表述方式：一段用于说明条件，一段用于说明“未满足条件”情况下的处理方式。

“附条件”，常见的有6种类型。

（一）要求赡养

这一点对于遗嘱人非常重要，是对自身晚年生活特别重要的保护手段。

> **遗　嘱**
>
> ……
>
> 在本人去世后，以上财产由×××（本人儿子，身份证号码：×××）个人全部继承。
>
> ×××<u>必须为我养老送终，包括每月须给予本人</u>×××<u>元生活费、本人生病住院期间所有医疗救治费用支付、本人去世后殡葬费用支付</u>。

如×××未履行上述条件，上述继承无效，相应份额按照法定继承执行。

遗嘱人：张××

订立日期：××年××月××日

请注意：条件要可评估。

如上示例，比如每月支付的生活费用，完全可以以转账记录、接收签条、付费单据等形式证明。

（二）指定后续继承人

如果遗嘱指定的继承人先于遗嘱人去世，那么这份遗嘱将面临失效。因此，可以通过指定“后续继承人”的方式来避免这个问题。

所谓后续继承人，是指在遗嘱中指定了两个继承人。在不出意外的情况下，由指定的第一个继承人继承；如果触发了“条件”，将改由第二个继承人继承。

遗　嘱

……

在本人去世后，以上财产由李××（本人配偶，身份证号码：×××）个人全部继承。

若李××先于本人去世，以上财产份额改由×××（本人女儿，身份证号码：×××）个人全部继承。

遗嘱人：张××

订立日期：××年××月××日

上面这个例子中，遗嘱人先指定自己的配偶，目的是保护配偶的利益。但是谁也不能预知自己与配偶谁会先去世。所以，增加了一项条件：配偶如果先去世，指定的“后续继承人”是自己的女儿。

（三）指定监护人

有些情况下，在订立遗嘱时，指定的继承人还未成年，或者继承人不具有完全民事行为能力。这种情况下，可以通过遗嘱指定监护人的方式，保护好继承人的利益。

请注意，这种方式适用于“父母对子女”的情况。

《民法典》中有相关规定。

第二十九条 被监护人的父母担任监护人的，可以通过遗嘱指定监护人。

遗 嘱

……

在本人去世后，以上财产由 ××× （本人儿子，身份证号码：×××）个人全部继承。

若本人去世时，××× 未成年，我指定 ×××（本人姐姐，身份证号码：×××）作为其监护人。

遗嘱人：张 ××

订立日期：×× 年 ×× 月 ×× 日

上面这个例子中，遗嘱人通过遗嘱，指定其姐姐作为监护人，触发的条件是“本人去世，继承人未成年”。如果指定的遗嘱继承人无完全民事行为能力，可参照类似的表述方式。

（四）财产具有变更可能

之前在介绍“正文表达”部分的时候，我们谈到财产具有变更可能情况下的正确表述方式。这里重复一下。

> **遗　嘱**
>
> ……
>
> 在本人去世后，以上房产由×××（本人儿子，身份证号码：×××）个人全部继承。
>
> 若上述房屋如被征收、拆迁，由其产生的全部现金补偿、安置房等均按上述方式执行。
>
> 遗嘱人：张××
>
> 订立日期：××年××月××日

按照“财产延续”的原则，这部分财产完全可以追溯。如果遗嘱中涉及的财产，未来面临财产形态发生变化的情况，上述条件依然可以确保遗嘱有效。

（五）保护配偶权益

有些家庭有这方面的考虑：如果一方老人先去世，把所有财产都指定给在世配偶，相当于同一部分财产将会继承两遍，需要多增加一次麻烦，可能还会涉及额外花费等问题。但如果指定给子女继承，怎样保障自己老伴儿的权益？

这种情况下，就可以通过附加条件来解决。

> **遗 嘱**
>
> ……
>
> 在本人去世后，以上房产由 ××× (本人儿子，身份证号码：×××) 个人全部继承。
>
> 在本人和李 ×× (本人妻子，身份证号码：×××) 均去世后，上述房产方可继承、分割。
>
> 如果 ××× 要求提前分割，上述房产改由李 ×× 个人全部继承。本人和李 ×× 健在一方享有在上述房产中的单独居住权。
>
> 遗嘱人：张 ××
>
> 订立日期：×× 年 ×× 月 ×× 日

遗嘱人将财产指定给自己的子女继承。但是，能够继承的条件是：遗嘱人和自己的老伴儿都去世之后才行。这里不会涉及时效的问题：遗嘱本身没有“有效期”，只要遗嘱合法有效，时间约束对继承影响不大。

(六) 指定遗嘱执行人

先看一个范例，再对“遗嘱执行人”进行解释。

> **遗 嘱**
>
> ……
>
> 在本人去世后，以上房产由 ××× (本人儿子，身份证号码：×××) 个人全部继承。

> 我指定王××（本人朋友，身份证号码：×××）作为本遗嘱执行人。
>
> 遗嘱人：张××
>
> 订立日期：××年××月××日

遗嘱执行人有什么作用？

《民法典》中有相关规定。

第一千一百四十五条 继承开始后，遗嘱执行人为遗产管理人；没有遗嘱执行人的，继承人应当及时推选遗产管理人；继承人未推选的，由继承人共同担任遗产管理人；没有继承人或者继承人均放弃继承的，由被继承人生前住所地的民政部门或者村民委员会担任遗产管理人。

也就是说，在未来发生继承之后，遗嘱执行人是对遗产进行管理的人。那么，遗嘱执行人具体扮演什么角色？承担什么职责？

在根据遗嘱办理继承的过程中，不可避免地会面临两类问题：

一类是其他继承人对遗嘱的质疑；另一类是继承人不知道怎样办理继承。

而遗嘱人在遗嘱中提前指定好遗嘱执行人，有两个关键作用。

- 代表遗嘱人个人意愿。遗产分配是遗嘱人的个人意思，同时指定了遗嘱执行人，两者综合来看，可以理解为：遗嘱人提前指定了一个对未来个人财产分配的牵头人，只要遗嘱执行人接受这种指定，就不容继承人质疑。
- 代表在遗产继承过程中有了监督者。遗嘱执行人肯定是遗嘱人信任的人。在遗嘱中指定好遗嘱执行人，代表着未来遗产的继承过程，有一个遗嘱人生前信任的人来负责监督，让遗嘱人更加安心。

因此，遗嘱执行人的角色，就是遗嘱生效时，执行中“牵头人”和“监督人”的角色。

《民法典》中并未就“遗嘱执行人”的具体职责进行明确说明。但是，“遗嘱执行人为遗产管理人”的定位，可以套用有关“遗产管理人”的规定。

第一千一百四十七条　遗产管理人应当履行下列职责：

（一）清理遗产并制作遗产清单；

（二）向继承人报告遗产情况；

（三）采取必要措施防止遗产毁损、灭失；

（四）处理被继承人的债权债务；

（五）按照遗嘱或者依照法律规定分割遗产；

（六）实施与管理遗产有关的其他必要行为。

关于“遗嘱执行人”的选择，结合其扮演的两种角色，这里给出四个选择标准。

值得信任

值得遗嘱人充分的信任。遗嘱执行人，代表的是遗嘱人，帮助其按照遗嘱实现分配意愿。其中，信任最重要。

公平公正

不会有偏袒行为。遗嘱执行人开展遗嘱执行工作，必须做到能够完全遵照遗嘱人意愿，原则性强。

具备一定继承知识

最好具备一定的继承专业知识，对于继承工作顺利开展具有极大帮助。毕竟，现在普通人对继承的知识和意识还比较淡薄。

年龄适中身体健康

这一点很重要。有些人指定的遗嘱执行人是自己多年特别信任的老朋友。但是，万一执行人先去世了呢？

七、签名与日期

关于签名与日期的关键性，之前已经介绍。结合《民法典》中关于各种遗嘱形式的规定，再强调一下。

 自书遗嘱 本人签名并注明年、月、日	 代书遗嘱 本人、见证人签名并注明年、月、日	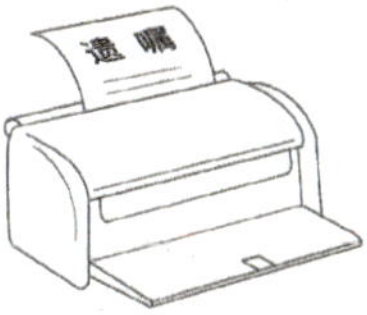 打印遗嘱 本人、见证人在每一页签名并注明年、月、日
 录音录像遗嘱 本人、见证人在影像中口述	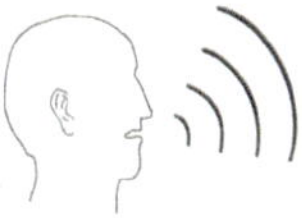 口头遗嘱 危急时刻，不做要求	 公证遗嘱 公证处印章并注明年、月、日

不会写字或者写不了字怎么办？捺印行吗？

按照现行法律规定，对于书面形式的遗嘱，必须签名，未提及捺印。如果不会写字或者手抖无法书写等，有两种选择：

①自行练习一下签名。哪怕签订得“歪歪扭扭”，“画”个字出来。

②选择其他不需要书写的遗嘱形式（如录音录像遗嘱）。

八、其他关于遗嘱内容表达的要求

书面形式遗嘱：

主要包括自书遗嘱、代书遗嘱、打印遗嘱、公证遗嘱四种形式。不要有错别字，不要有遗漏，不要过多地涂改，尽量不要使用简化字。笔迹可以直接辨识，尤其是关键信息。比如：

- 姓名写错了；
- 写得太潦草，识别困难；
- 身份证号码少写了一位；
- 错字多，涂改得太乱；

……

一旦出现上述问题，最好的方式是重新订立，并将原遗嘱销毁。

音像形式遗嘱：

主要包括录音录像遗嘱、口头遗嘱两种形式。最好用普通话表达，避免口语，尽可能使用通用称谓。

我国地大物博，各地方言、口音不胜枚举，辨识往往存在困难，同样的字，很多地方发音都不同。同理，关键信息必须表达准确、清楚。比如：

- 湖（fu）南（lan）老家的房子；
- 儿他大爷（是大伯还是大爷爷？）；
- 二姑娘（是排行老二还是两个女儿中的老二？）；

……

常见问题解答

问：遗嘱内容表达，有固定格式吗？

答：没有，但要遵循一定的基本规则。

遗嘱内容表达，遵循的原则是：清晰、准确、没有歧义。

但是表述的格式没有特别规定。当然，也会存在一些惯常的行文格式模板，如本书中介绍的一些写法，可供参考。遗嘱的内容，无论是书面表达还是口头表达，以通俗易懂为好，前后顺畅，有一定的逻辑关系和前后关联性。

问：我的财产比较多，我能写“全部财产”吗？

答：不能说绝对不可以，但是不建议。

有些遗嘱人确实攒下大笔财产以及很多类型的财产。一样样罗列，表达起来很麻烦，干脆写个“所有财产”，简单、省事。

但是，当未来发生继承的时候，就可能带来一系列麻烦，比如，到底有哪些财产？还有没有不为继承人知道的财产？万一遗漏了，岂不是白白损失了？这可能是最大的风险。

要知道，一份遗嘱，除了表达分配意愿之外，还有一个很重要的作用：个人财产清单。这份清单能够确保自己的主要财产不遗漏、不损失。

因此，在遗嘱内容表述中，强烈建议将财产罗列清楚，尤其是主要财产，如房产、存款、车辆等。至于一些小而不言的，即使遗漏，也不至于让继承人遭受太大损失。

既然选择通过遗嘱表达自己的财产分配意愿，稍微费点心，罗列清楚，既是对自己负责，也是对继承人负责的一种态度，不要图省事儿。

问：老伴儿走了，我俩共同的房子还没办继承，我想立遗嘱，是不是得等办完继承才行？

答：不是必须等到办理完继承之后再订立遗嘱。

如果有订立遗嘱的想法，建议尽早订立，尤其是老年人。

如果老伴儿走了，夫妻俩的共同房产没有办理继承手续，意味着在世一方对老伴儿的遗产有部分继承权，并不影响订立遗嘱。可能老人担心的是，自己继承老伴儿的那部分财产应该怎样表达。另外，还有些人不能确定自己在财产中到底占有多少份额。

其实表述很简单，比如："将房产中我的份额和我继承的份额……"

继承权是可以流转的，这就意味着，有继承权的人，可以通过遗嘱的方式，将自己的继承权指定给其他继承人继承。

问：我想立一份遗嘱，等去世之后，把财产都捐了。可以吗？

答：可以，这是遗嘱能发挥的作用。

如果想在身后把自己的财产留给非法定继承人，只能通过遗嘱的方式。遗嘱中指定的继承人，可以是法定继承人，也可以是非法定继承人；可以是自然人，也可以是依法成立的组织机构。

但需要注意的是：通过遗嘱的方式，将财产留给非法定继承人，这种方式叫作"遗赠"。在遗嘱内容表述中，采用"遗赠给……"的表达方式。

问：我立遗嘱把财产留给儿子，没写儿子的身份证号码，有效吗？

答：不能单凭这一点来定义遗嘱是否有效。

强调把关键信息（如身份证号码）描述清楚、准确，目的是强调人的"唯一性"。所以，在内容表达中，一直强调要把能够标识人、财的关键凭证号码写清楚。

作为自己的子女，几乎不可能存在重名重姓的情况。只需要准确表明儿子的继承人身份，如姓名、与遗嘱人的关系等即可，身份证号码写或不写，不决定遗嘱的有效性。

当然，从严谨性的角度来看，写上身份证号码，更能把唯一识别信息表述完整、准确。

问：我父亲订立的自书遗嘱，后来发现其中有错别字，我能帮忙修改一下吗？

答：绝对不能这样做。

这种做法会犯自书遗嘱的“大忌”：自书遗嘱，仅能由遗嘱人本人全文书写，一旦出现别人的笔迹，就会导致遗嘱无效。这里有三种处理办法：

如果刚写完就发现有错别字，可以由遗嘱人本人直接修改，但是不要涂改过多。

如果写完之后有一段时间了（个人建议：超过一周），就不要修改了，再重新写一份。因为在这个时间间隔下，遗嘱人有突发“丧失民事行为能力”的可能。

如果错误不多、不影响意思表达、不涉及关键信息（如人、财、分配意愿），可以不用修改，不影响遗嘱的实质。

其他遗嘱形式，同理。

问：遗嘱人写遗嘱的时候，落款签名的时候只写到“月”，没有写具体日期，有效吗？

答：风险很大。如果从严格角度来看是无效的。

根据《民法典》的规定，其实对各种遗嘱形式的硬性条件要求不多。仅满足这些硬性条件，并不能决定遗嘱有效；但是如果连这些硬性条件都不满足，无效的可能性就会非常大。

日期就是一个硬性规定。所有遗嘱形式中，都强调“年、月、日”。为什么一定要细化到“日”？

遗嘱有很强的“时间属性”，因为两个原因：

第一个原因，多份遗嘱的情况下，到底以哪份遗嘱为准？根据《民法典》的规定，以最后一份合法有效遗嘱为准。第二个原因，与遗嘱人的状态有关。如果不细化到“日”，可以理解为遗嘱人的这份遗嘱可能订立于从月初到月末、30天左右的时间内的任何一个时间点。那么，如果期间遗嘱人丧失完全民事行为能力，这份遗嘱到底是在其丧失完全民事行为能力之前订立，还是之后订立的呢？

所以，硬性条件不可违。如此规定，是有道理的。

问：我只打算把房子留给我儿子个人，不想作为他的夫妻共同财产，可以吗？

答：可以。

遗嘱的作用就是按照自己的意思，把自己的财产给到想给的人。法定继承情况下，可能无法实现这个目的。

如果打算给到儿子个人，而且儿了已经成婚，只需要在分配意愿的时候表达清楚“由自己的儿子个人全部继承，不作为其夫妻共同财产”这个意思即可。

问：我立了遗嘱，把财产留给我儿子。万一今后他不养我怎么办？

答：这里可以有两种处理方式。

现实中存在这样的情况：本来立了遗嘱，要把财产全留给子女，后来才发现，子女不对自己尽赡养义务。

这种情况下，有两种处理方式：

一种处理方式是再订立一份遗嘱。当然，这里的前提是遗嘱人还具备订立遗嘱的条件。遗嘱以最后一份合法有效遗嘱为准，新订立的遗嘱会自然推翻之前的遗嘱。

另一种处理方式是在订立遗嘱的时候增加条件，避免万一后悔却无法重新订立的情况发生。附加条件要写明白，写具体，比如要求儿子在怎样赡养自己的前提下才能继承。这样一来，一旦儿子没有达到条件要求，就要按照遗嘱中说明的其他继承方式来执行。

问：我写遗嘱，到底是把财产给儿子好还是给女儿好？

答：随心而行。但是，务必注意公平。

如果单纯从法律的角度，遗嘱代表的是个人真实意思，自己把财产留给谁都可以。

但是，遗嘱不仅仅是一份法律文书。更重要的是体现对子女的亲情和鼓励。所以，通过遗嘱把财产留给谁，“情”的成分要大于“法”。

笔者一直在强调：财产要留给“该得到”的人。简单地讲，应该给到对自己孝顺、更加看重家庭亲情的人，而不是因为性别问题、传统观念问题草率作出决定。否则，可能会引发家庭矛盾，导致亲情疏远。

问：我和老伴儿都商量好了，把财产留给独生子。但是万一一方先去世，怎样保护好另一方？

答：这样考虑是对的，可以附加条件。

很多父母一直都在为子女考虑，却少有考虑到自己和配偶的。所以，在订立遗嘱的时候，很多人自愿把自己的份额给到孩子。但问题是，如果一方先去世，万一孩子不孝顺，在世一方的利益如何保障？

这里就涉及遗嘱中一个很重要的内容构成：附条件。

遗嘱指定子女继承，但为了保护在世一方的权益，可以附加条件，比如：保留在世一方的居住权，只有在双方均去世之后，自己的份额才可以由子女继承，等等。这样处理，既不影响子女继承权，也能保护配偶，一举两得。

问：我是晚年再婚家庭，但是我的孩子们担心，万一我先去世后老伴儿来分财产怎么办？

答：可以通过遗嘱的方式来解决。

子女们的考虑、再婚老人的考虑，都有自己的道理。如果按照法定继承，确实会存在上述问题。

从子女角度来看，毕竟财产与继父母没有关系，而且一般谈不上与继父母有多深的感情；从再婚老人的角度来看，确实也要考虑到再婚配偶的晚年生活保障，而不是单纯为自己的晚年找个免费“保姆、护工”。

两全其美的做法是通过订立一份遗嘱的方式：将财产留给自己的子女，同时附加条件（如保留再婚配偶的居住权），这样既不让子女们产生家庭财产“外流”的顾虑，也能保护好再婚老伴儿的晚年生活。

六　遗嘱的“证据”

遗嘱是强调证据的。缺乏证据的遗嘱，禁不起推敲和质疑。

【案例故事】

保姆拿遗嘱想独占父亲的房产，笔迹、形式、内容均无问题，却被判无效

老王和爱人都是当地一家医院的医生。从学校毕业后，两人走到一起，后来生了两个儿子。

20世纪90年代初，夫妻俩买下了单位的福利房。一家人和睦地住在自己的房子里，这一住就是20多年。

爱人2000年因病去世后，老王身体也不太好，总是生病不断。两个儿子商量后决定雇个人来照顾父亲的饮食起居。后来经过亲戚介绍来了一个保姆，中年丧偶，干活勤快，王家兄弟俩对她非常满意。

保姆一直照顾老王到其2009年因病去世。

两兄弟待料理完父亲的后事，打算继承父母房子的时候，保姆却拿出一份老王的自书遗嘱，遗嘱表示房产全部由保姆继承。

兄弟俩惊呆了！这怎么可能？父亲怎么可能把房子给到保姆？就算想给，也会通知他们一声。

两个孩子一怒之下，扬言要把保姆告上法庭。保姆倒是很淡定：“你们去告吧，反正有你们爸爸亲笔写的遗嘱，你们除了折腾，还能有什么用？”

兄弟俩仔仔细细看过遗嘱，确实是父亲的笔迹，意思表达很明确，签名、日期也都写得清清楚楚。

兄弟俩只能抱着试一试的心态，找了个专业人士咨询。谁知专业人士给出的结论，让两兄弟大为惊喜：这套房子，父亲不能单独处置，因为母亲去世之后，房子的一半已经发生继承，父亲只有

1/2 自有份额和 1/6 可继承份额，合计 2/3。更关键的是，遗嘱本身看着没问题，并不能确保一定有效。

从遗嘱来看，好像确实没问题。不过根据兄弟俩的描述，这份遗嘱订立于 2006 年 1 月，老王在订立遗嘱前，在 2004 年末被诊断为阿尔茨海默症，也就是俗称的阿尔茨海默症。之后多次就医治疗，一直到去世时都有症状，订立遗嘱期间正是症状比较严重的时候。幸好所有的就医诊断报告、开药处方单据兄弟俩都还留着。

经过分析，王家兄弟俩释怀了不少。结果也像他们预期的那样，最终判决：遗嘱无效，房产按照法定继承的方式分配，由兄弟二人均分。

《民法典》中规定，遗嘱人必须有完全民事行为能力。也就是说，遗嘱人必须意识清晰、思维正常，否则遗嘱无效。那么，如何证明遗嘱人在订立遗嘱期间具备完全民事行为能力？

遗嘱人本人已经不可能出面作证——遗嘱生效之时，也是遗嘱人去世之日——这就需要遗嘱订立过程中的证据。

如果前期没有采集完整证据，一旦在遗嘱生效时发生争议纠纷，遗嘱人已经去世，无法现身证明，就会造成很大的麻烦。

所以，证据的作用非常关键：提前做好遗嘱订立过程中的证据采集、留存工作，对强化遗嘱效力，降低继承争议风险，有极大的帮助。

一、证据的作用和特性

为什么反复强调遗嘱订立的证据？证据其实就一个核心作用：证明遗嘱是一份合法有效遗嘱，确保遗嘱未来能生效。具体来讲，证据起到三个关键作用。

这份遗嘱由遗嘱人在“正常”情况下订立。遗嘱人在订立遗嘱期间具备完全民事行为能力。

这份遗嘱确系本人真实意思。不管是自书遗嘱、代书遗嘱，还是采取其他形式，都能通过证据加以证明：是遗嘱人自己的真实意思。

这份遗嘱是遗嘱人留下的原件。现实中，篡改、伪造遗嘱之类的事情时有发生。通过遗嘱订立过程中的证据，可以充分证明这份遗嘱的真伪、时间线、是不是遗嘱人留下的最终原件。

所以，遗嘱订立过程的证据非常重要，必须满足三个条件。

- 真实性。非常重要，伪造遗嘱或者伪造遗嘱订立过程中的证据，都会导致遗嘱无效。
- 完整性。关键事项上的证据必须齐备。比如，遗嘱人是不是具有“完全民事行为能力”？这份遗嘱是不是遗嘱人亲笔书写的？是不是遗嘱人的真实意思？这就必须有相应的证据证明。
- 同步性。或者说，要保持与遗嘱订立时间同步，提前的、后补的，都可能导致遗嘱无效。

二、证据链

什么叫“证据链”？证据链，就是按照遗嘱订立过程的时间顺序，从开始订立直到订立结束，采集好每个关键节点的证据，并串联起来的证据组合。

前面提过：书证、人证、视听资料、电子证据、证人证言、鉴定意见等，均是证明遗嘱有效的有力证据。

这里我们先重点说明两类证据：人证、视听资料。

根据《民法典》的规定，这两类证据有不同的强制性适用范围。

人证

人证，可以理解为“见证人”。在《民法典》中明确规定，必须有两个以上无利害关系见证人的遗嘱形式包括四种类型：代书遗嘱、打印遗嘱、录音录像遗嘱、口头遗嘱。

是否意味着其他遗嘱形式（如自书遗嘱、公证遗嘱）不需要见证人？从证据的角度，人证不仅仅局限于上述遗嘱形式。自书遗嘱中，如果纳入见证人这一证据要素，会对遗嘱有效性起到很大的证明作用。

视听资料

视听资料，可以理解为录音、录像。

在6种合法遗嘱形式中，仅有“录音录像遗嘱”必需，因为录音录像遗嘱的载体本身就是音视频。

依然从“证据”的角度来看，如果能够将遗嘱订立过程全部、无间断地录制下来，并且保证不被修改、编辑，那么这份音视频文件能对遗嘱的真实性给予极大的体现和保障。

因此，录音录像在更大的意义上，是作为一种证据存在，而非单纯地从遗嘱的形式去理解。

三、证据采集

1. 完全民事行为能力证明

在之前的章节中，笔者介绍过订立遗嘱最重要的前提条件之一：遗嘱人必须具备完全民事行为能力。“完全民事行为能力”必须满足两个硬性条件。

- 满 18 周岁的成年人（或者满 16 周岁且有自己的收入作为主要生活来源）。
- 思维正常、意识清晰。
- 关于“完全民事行为能力”的客观证明，主要有两类：医学鉴定或者司法鉴定。这里不再赘述，可参见前面章节的相关说明。

2. 个人合法财产证明

财产证明的目的有两个：一是证明这项财产是真实的、客观存在的；二是证明财产属于个人合法财产。

我们以房产为例：

- 房产证原件（不要有任何涂改）；
- 房产证纸质复印件或者扫描件，遗嘱人在其上签名、注明日期（与订立遗嘱日期保持一致）。

留有复印件的目的是：复印件可用于与原件进行比对。比如，未来如果凭证污损、丢失，甚至有人对原件进行涂改，那么通过与原件复印件的比对，可以作出客观的判断。

因此，复印件可以理解为证据的备份。

3. 遗嘱订立期间笔迹样本

笔迹样本的作用是证明“这份遗嘱是本人的真实意思，经过本人认可”。

在《民法典》规定的6种合法遗嘱形式中，除了录音录像遗嘱、口头遗嘱之外，其他四种遗嘱形式均采取“书面”呈现的方式。

- 自书遗嘱：由遗嘱人本人全文书写、本人签名、注明日期。因此，笔迹样本的作用是证明遗嘱确系本人书写、本人签名。
- 代书遗嘱：由见证人（其中有一人为“代书人”）书写。但是，要求遗嘱人本人签名、注明日期。无论遗嘱人本人是否会写字、能否写字，最终都要写，哪怕临时练练“画字”。因此，笔迹样本的作用是证明确系本人签名。
- 打印遗嘱：笔迹样本的作用与“代书遗嘱”相同。更何况，打印遗嘱的要求是遗嘱人、见证人在每一页上都要签名、注明日期。
- 公证遗嘱：公证遗嘱是由公证处帮助遗嘱人订立的一种遗嘱形式。根据《民法典》的规定，已经取消“公证遗嘱最高效力”的规定，与其他合法的遗嘱形式具有同等法律效力。公证遗嘱一般采取的是打印形式，由公证处盖章，遗嘱人本人签名。因此，同样需要遗嘱人本人的“笔迹样本”。

笔迹样本，最简单的采集方式是将遗嘱人订立遗嘱期间曾经书写、留有笔迹的纸张保存下来，比如带有签名的购物小票，日常写的日记、记事本等。如果平时没有这些书写习惯，可以单独书写一张纸，签好名字、注明日期。

此外，在关于遗嘱的法律规定中，没有对“捺印”的相关要求。但“签字画押”是我国一种约定俗成的签名、认可方式。在书面遗嘱中，可以捺印。

但是，如果选择捺印，最好将自己的指纹样本也采集下来，作为遗嘱“确系本人书写或确认”的证明。

比较好的采集方式是：单独留存一张指纹采集样本纸，采集完成之后，由本人在其上签名、注明日期。可以参考如下示例。

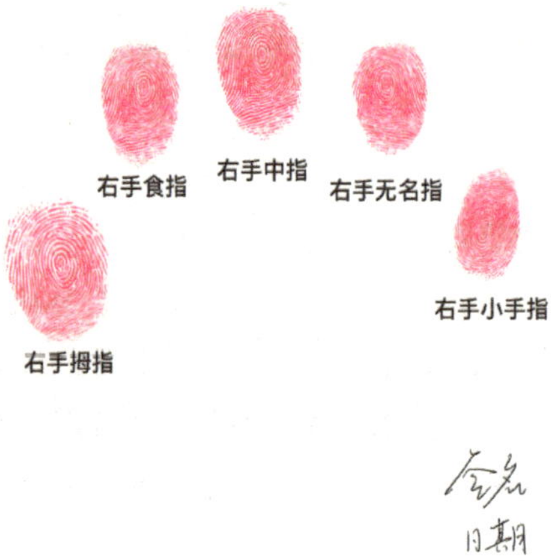

不一定要采集所有的指纹，只需要保存捺印手指的指纹样本即可。

4. 两个以上无利害关系见证人

人证非常重要。

根据《民法典》关于遗嘱形式的规定，代书遗嘱、打印遗嘱、录音录像遗嘱、口头遗嘱必须有见证人现场见证。

对于公证遗嘱、自书遗嘱，对于见证人没有强制要求。公证遗嘱订立过程中，可以简单地理解为“公证员即是见证人”。而自书遗嘱可以不需要见证人。

但是，从证据的角度来看，见证人不局限于某些特定的遗嘱形式。针对自书遗嘱，可以纳入见证人这一关键的证据要素。人证是所有证据类型中最关键的证据之一。

关于见证人的选择，有什么要求？

《民法典》中也有相关规定。

第一千一百四十条 下列人员不能作为遗嘱见证人：

（一）无民事行为能力人、限制民事行为能力人以及其他不具有见证能力的人；

（二）继承人、受遗赠人；

（三）与继承人、受遗赠人有利害关系的人。

《最高人民法院关于适用〈中华人民共和国民法典〉继承编的解释（一）》中也有相关规定。

第二十四条 继承人、受遗赠人的债权人、债务人，共同经营的合伙人，也应当视为与继承人、受遗赠人有利害关系，不能作为遗嘱的见证人。

根据《民法典》和《最高人民法院关于适用〈中华人民共和国民法典〉继承编的解释（一）》的规定，总结关于见证人的要求。

基本要求

数量为两名（含）以上。为了避免产生不必要的风险，不要选择下列几类人作为见证人：

- 未满 18 周岁的人；
- 患有精神类疾病、不能完全辨认自己行为的人（如精神病人、患有阿尔茨海默症的人等）；
- 不能获知他人意思（如盲聋人员）、不能正常表达（如聋哑）的人；
- 遗嘱指定的继承人或者受遗赠人；
- 家族中的亲属（容易引起与继承人或受遗赠人利害关系的争议）；
- 与继承人或者受遗赠人有经济往来的人（如有债权债务关系的人、存在合伙经营关系的人）。

可选范围

可以考虑从以下两类人中选择见证人：

- 遗嘱人信得过的（最好年轻一些，避免其早于遗嘱人去世）的好友，且与继承人或受赠人没什么关系的人；
- 具有职业约束、公信力的专业机构从业人员（如律师事务所的律师），确保今后能找到的第三人。

如果没有信任基础或者不能确保今后需要的时候一定能找到，未来一旦产生纠纷，需要见证人出面作证，也会遇到一些麻烦。

采集过程

“代书遗嘱”中人证的采集——

1. **确认遗嘱订立必备条件**

   遗嘱人是否满足遗嘱订立条件（如人的精神状态、财产状况、是不是真实意思等）。

2. **遗嘱人表达个人分配意愿**

   遗嘱人说清楚自己的意思，包括哪些财产给到谁、给多少、条件是什么等。

3. **一名见证人按照遗嘱人意思书写**

   见证人中的一人作为“代书人”，根据遗嘱人的意思，不间断地全文书写。

4. **其他见证人现场不间断见证**

   其他见证人现场全程监督书写过程，不得有任何影响行为，不得中途离开。

5. **代书人与遗嘱人确认遗嘱内容**

   代书人将书写完的遗嘱，逐字逐句与遗嘱人确认。

6. **其他见证人对遗嘱书写内容审核**

   意思确认完毕，其他见证人对遗嘱文本进行审核，确定意思、文字无差错。

7. **遗嘱人、见证人在遗嘱中签字**

   双方确认完毕之后，由遗嘱人本人、所有见证人分别签名、注明日期。

8. **见证人签订见证书并附身份信息**

   见证人通过见证书的形式，作出“见证声明”。

《民法典》中有相关规定。

第一千一百三十五条 代书遗嘱应当有两个以上见证人在场见证，由其中一人代书，并由遗嘱人、代书人和其他见证人签名，注明年、月、日。

结合上述规定，对“人证”采集过程进行说明。

- 见证人除了作为证人，还有一个很重要的职责：确保遗嘱人符合遗嘱订立的条件，确系自我意愿的真实表达，目的是：如果这份遗嘱涉及无效的情况（比如，财产不属于遗嘱人个人合法财产），见证人可能也会受到牵连。
- 见证人不是简单地“出个场”，除了一人要代为书写之外，还需要对遗嘱内容与遗嘱人进行确认、核实。请注意：这个审核确认过程，指的是形式、内容合适，而不是遗嘱意思审核。见证人只需要确认遗嘱人的意思与最终形成的文本完全一致，其中没有错误即可，不需要考虑遗嘱人的意愿是否合理的问题。
- 如何证明见证人做了“见证”？有两个动作：一个是在遗嘱文末签订自己的姓名和日期；另一个是出一份见证书，说明自己全程见证订立的过程，用证人的口吻表达出“确系遗嘱人自己意愿”的意思。
- 如果想把工作做得更到位一些，见证人还可以附上自己的身份证复印件，并在其上签字、注明日期，说明“此复印件用于 ×× 遗嘱见证”用途。

此外，2—8 这七个步骤，最好全程录音录像，作为另外一项重要证据（有关过程后续详解）。

这里给出一个代书遗嘱见证书的范本。其他形式遗嘱的见证书也可参考。

见证书

遗嘱人：×××，身份证号码：×××。

见证人 1：×××，身份证号码：×××。

见证人 2：×××，身份证号码：×××。

见证人 ×：×××，身份证号码：×××。

见证人声明如下：

×× 年 ×× 月 ×× 日，见证人 ×××、×××……全程见证了 ××× 订立代书遗嘱全过程。其中，见证人 ××× 为代书人。

遗嘱人 ××× 承诺遗嘱内容均为其个人真实意思表示。见证人的个人信息全部真实、准确。见证人与继承人之间没有利害关系。

遗嘱人：　　年　　月　　日

见证人：　　年　　月　　日

“打印遗嘱”中人证的采集

1. 确认遗嘱订立必备条件

遗嘱人是否满足遗嘱订立条件（如人的精神状态、财产状况、是不是真实意思等）。

2. 遗嘱人表达个人分配意愿

遗嘱人说清楚自己的意思，包括哪些财产给到谁、给多少、条件是什么等。

3. 遗嘱输入并打印

可由遗嘱人本人或见证人中的一人输入并打印。但不要交替，整个过程自始至终全部由一人完成。

4. 见证人现场不间断见证

所有见证人现场全程见证，不得作出任何干扰、影响遗嘱人意思的行为，不得中途离开。

5. 双方对遗嘱内容、文本进行确认

输入并打印完毕之后，遗嘱人确认确系其个人意思。见证人对打印内容进行审核。

6. 遗嘱人、见证人在每一页签字

如果遗嘱有多页，遗嘱人、见证人须在每一页上签字、注明日期。

7. 见证人签订见证书并附身份信息

见证人通过见证书的形式，作出“见证声明”。

“打印遗嘱”是新增的一种合法遗嘱形式。

《民法典》中有相关规定。

第一千一百三十六条　打印遗嘱应当有两个以上见证人在场见证。遗嘱人和见证人应当在遗嘱每一页签名，注明年、月、日。

“打印遗嘱”并没有明确规定遗嘱到底由谁输入，由谁打印。但是，打印遗嘱的生成过程，必须在全程见证之下完成。因此，“打印遗嘱”要求必须有见证人。

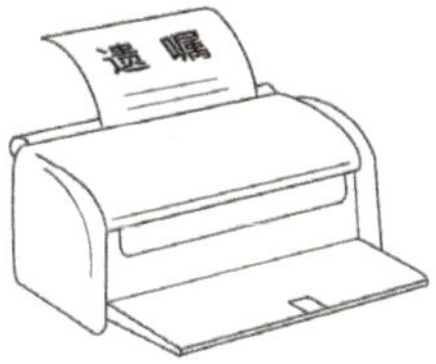

打印遗嘱

采集、操作过程如下：

- 见证人必须见证整个遗嘱自意愿表达、订立至确认完成的全过程。也就是说，不能让遗嘱人提前拿出一份打印好的遗嘱再见证。否则，作为见证人，无法判断这份事先准备好的遗嘱到底是不是遗嘱人自己的真实意思。
- 生成遗嘱过程中，可由遗嘱人本人全程输入打印，也可以由见证人之一完成。但是，必须由一人从头到尾完成，不能多人交替。
- 注意“打印遗嘱”与“代书遗嘱”的区别：如果打印遗嘱涉及多页，遗嘱人、见证人需要在每一页上都签名、注明日期。
- 同理，完成之后，见证人签订见证书。全程最好录音录像。

“录音录像遗嘱”中人证的采集

1. 确认遗嘱订立必备条件

遗嘱人是否满足遗嘱订立条件（如人的精神状态、财产状况、是不是真实意思等）。

2. 订立环境与设备的准备

准备好录音录像设备。选择较为安静、光线明亮的环境，确保不会对录音录像的效果产生影响。

3. 遗嘱人表达个人分配意愿

遗嘱人口头表述个人的分配意愿，对着镜头阐述遗嘱内容。

4. 见证人现场不间断见证

所有见证人在现场全程见证，不得作出任何干扰、影响遗嘱人意思的行为。

5. 全程录音录像

录音录像中，遗嘱人、见证人必须全程出现在镜头中。

6. 见证人面对镜头作出见证声明

面对镜头，见证人作出见证声明，并说明见证日期。

7. 见证人签订见证书并附身份信息

将见证人签署见证书的过程录入镜头。

关于“录音录像遗嘱”，《民法典》中有相关规定。

第一千一百三十七条　以录音录像形式立的遗嘱，应当有两个以上见证人在场见证。遗嘱人和见证人应当在录音录像中记录其姓名或者肖像，以及年、月、日。

《继承法》中规定的五种遗嘱形式中，有一类叫作“录音遗嘱”。这与1985年颁布《继承法》时的社会发展水平有关。那个年代，录像、录像属于很少见的事。甚至连录音机都只有少数家庭拥有。时至今日，录像设备已经成为生活中很普通的一件设备。

《民法典》对此作出了相应的修改：不再提“录音遗嘱”，改为“录音录像遗嘱”。“录音录像遗嘱”中，关于见证人的采集，需要注意两个关键点：

- 见证人必须露脸，要自始至终出现在镜头中，不要中途进入、离开；
- 见证人要在音像中说明自己的个人信息，说明自己的角色是见证人，否则无法证明其出现在镜头中的作用。

当然，最好配上见证书。见证人签订完见证书之后，面对镜头对见证书进行宣读，并展示已签名的见证书。

“口头遗嘱”中人证的采集

1. 确认遗嘱订立必备条件

遗嘱人是否满足遗嘱订立条件（如人的精神状态、是不是真实意思等）。

2. 遗嘱人表达个人分配意愿

遗嘱人说清楚自己的意思，包括哪些财产想给到谁、给多少、给的条件是什么等。

3. 见证人现场不间断见证

所有见证人在现场全程见证，不得作出任何干扰、影响遗嘱人意思的行为。

4. 见证人签订见证书并附身份信息

见证人通过见证书的形式，作出“见证声明”。

“口头遗嘱”仅适用于危急时刻。

而一旦处于危急时刻，未必有足够的时间做好遗嘱订立准备，比如准备录制设备、准备好财产证明、找好见证人等。但是，依然要确保遗嘱人满足订立的前提条件，尤其是遗嘱人的精神状态，有没有受到别人的强迫、诱导等。

因此，口头遗嘱的核心证据是见证人。中间可以省却很多其他形式遗嘱的环节，比如再与遗嘱人反复确认等动作。

口头遗嘱的见证人，有时候可能是临时、非自愿的（如当时在场的医生、护士）。所以，要求作出见证声明，不一定现实。甚至未来如果有纠纷，见证人是否愿意作证，都可能是未知数。

所以，这也是不推荐订立口头遗嘱的原因，不到不得已的时候，最好能提前通过其他遗嘱形式做好安排。

最后说说自书遗嘱。

关于自书遗嘱，《民法典》中有相关规定。

第一千一百三十四条　自书遗嘱由遗嘱人亲笔书写，签名，注明年、月、日。

也就是说，关于“自书遗嘱”，没有规定必须有见证人。但是如前所述，如果纳入见证人，可以作为自书遗嘱非常重要、有力的一个证据。这里仅仅区分与“代书遗嘱”关于人证采集的区别。

自书遗嘱

- 见证人不涉及书写工作，整个书写过程均由遗嘱人自行完成。
- 见证人主要承担两项职责：一是确认遗嘱确实是遗嘱人本人的真实意思，并且遗嘱全部由遗嘱人自己书写完成；二是对遗嘱书写的质量进行把关，比如，是否遗漏了关键信息（如房产证号写错了，身份证号码少写一位），错别字是不是过多，等等。
- 遗嘱中，不要涉及任何遗嘱人之外的其他人的笔迹。自书遗嘱，只能出现遗嘱人本人的笔迹。不要出现见证人的笔迹字样。

此外，还有非常重要的一点，再次提醒大家：整个过程，见证人不能作出任何影响遗嘱人意思的行为。

“自书遗嘱”中人证的采集

1 确认遗嘱订立必备条件	遗嘱人是否满足遗嘱订立条件（如人的精神状态、财产状况、是不是真实意思等）。
2 遗嘱人明确个人分配意愿	遗嘱人事先想清楚自己的意思，包括哪些财产想给到谁、给多少、给的条件是什么等。
3 遗嘱人本人亲笔书写遗嘱文本	遗嘱人本人全程不间断地书写。
4 见证人现场不间断见证	所有见证人全程现场见证，不得作出任何干扰、影响遗嘱人意思的行为，不能代笔书写，不得中途离开。
5 遗嘱人向见证人宣读遗嘱内容	遗嘱人书写完之后，向见证人宣读遗嘱。见证人确认是否与遗嘱人分配意愿一致。
6 见证人对遗嘱书写内容审核	意思确认完毕，见证人对遗嘱书写文本进行审核，避免写错字、漏写关键信息等。
7 遗嘱人在遗嘱中签字	确认完毕之后，在遗嘱文本中，由遗嘱人本人签名、注明日期。
8 见证人签订见证书并附身份信息	见证人通过见证书的形式，作出“见证声明”。

5. 录音录像原件

在遗嘱订立中，录音录像并非仅仅定义为一种合法形式，更重要的是：可以通过全程录音录像，作为一项关键证据，能更有力地证明遗嘱的合法性、有效性。

因此，录音录像不局限于遗嘱形式，所有遗嘱形式均可纳入这一重要证据。

从证据的角度出发，关于录音录像的关键要求是：

- 对录制环境有较为严格的要求，必须确保出现在音像中的声音、图像清晰，画面稳定。
- 必须征得遗嘱人的同意，不得偷拍、偷录。
- 全程不间断，保持时间上的连续性。不要录一段停机休息一会儿，要一气呵成。
- 必须保留原始媒体文件，不得对媒体文件作任何编辑、修改。

以“代书遗嘱”录音录像为例，从录制环境、出镜人、设备与工具、起止时间以及资料存储五个方面进行说明。

录制环境

确保整个录制过程不受到任何干扰。因此，录制环境要满足以下三个条件：

- 独立场所。比如，在家中录制，可以在自己的卧室、书房。
- 光线明亮。要保证录制画面清晰，场所里的光线不能过暗或者过亮，自然光或者温和光源即可。
- 安静、相对封闭。比如，录制过程中窗外突然出现的车喇叭声，会对录制效果产生影响。

出镜人

- 有见证人的，遗嘱人、见证人全部出现在镜头中。
- 没有见证人的，仅允许遗嘱人本人出镜。
- 其他任何无关遗嘱订立的人，无论声音还是图像，均不要出现在录制中。

那么谁来操作录制工作？可由遗嘱人或见证人按下录制、停止的按键。之前提过，订立遗嘱的过程在相对封闭的场景中，无关人员不要参与。

设备与工具

在录制之前，准备好三类物品：

- 录制设备。现在手机的普及、性能，录制效果已经能满足音像质量的要求。当然，也可以选择比较专业的摄像设备。
- 书写工具。如果订立的是纸质遗嘱，提前准备好书写工具，包括需要用到的纸、笔。
- 相关证件。包括财产证明（如房产证、银行卡等）、身份证明（如身份证等）。

起止时间

录制的起始时间、结束时间应该如何控制？

- 录音录像的起点，从遗嘱人作出声明开始。
- 整个录制过程，保持连续、不间断。其中，中间做的任何动作，都要录入音视频中。

- 录制过程中的人员，不要“进进出出”，要一直出现在镜头中。
- 直到遗嘱成稿且相关人员完成确认动作之后，再关闭录制设备。

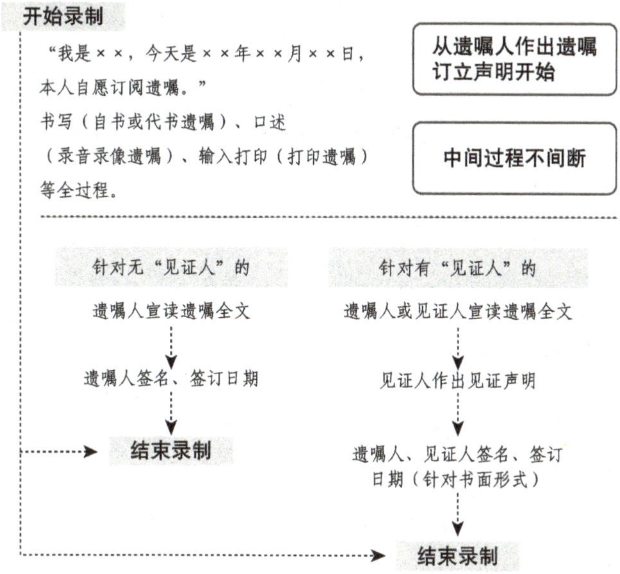

资料存储

电子数据最大的风险是：容易被编辑、被损坏。录制完成的音视频文件，必须原件保存，不得进行任何形式的修改。

有些音视频录制完成之后，其中可能存在一些与遗嘱订立无关的画面，比如中间做了适当的停顿，一句话反复念了几遍，等等。这些无关大雅的“瑕疵”，不会影响录音录像本身的效力，不要进行任何美化、编辑，必须保持“原汁原味”。

关于录制完成的音视频资料，存储上需要注意：

- 音视频文件是一个完整的文件。比如，采用录像设备录制的时候，因为存储卡容量限制，可能一张卡录制不全。这时候就会产生录制中断、过程不连续等问题。为保险起见，录制开始时，要确保载体的容量能满足整个过程的录制时间要求。

- 将原文件保存在专用存储设备上。比如，有些人把文件放到一个常用的 U 盘上，U 盘经常拷贝、删除其他文件。这就很容易导致 U 盘损坏，甚至对录制文件误操作。因此，建议用一个独立的、质量较好的存储设备（如 U 盘、存储卡、光盘等）单独保存。
- 可以考虑将原文件存储到云盘上。选择比较可靠的云存储服务商，存储时设定好提取密码，确保文件不被泄露、编辑。

6. 遗嘱原件

遗嘱原件是最重要的证据之一。

遗嘱原件本身不是遗嘱订立的结果吗？为什么还要作为证据？

遗嘱原件，从证据性的角度来看，需要表明这份遗嘱在订立完成、确认之后，没有经过任何修改。所以，一份完成的遗嘱，要具备以下几个“证据性”条件：

- 遗嘱全文中涉及的手写笔迹，必须出于一人之手（遗嘱人本人或者代书人本人）。
- 遗嘱中的错误修改，必须在订立之日完成。比如，在书面遗嘱中，有个别错别字，现场就要进行修改。那么，所有修改要与订立时间保持一致，而且只能由书写人本人修改。
- 无任何“后补”改动的字样或痕迹。比如，本来打算给大儿子 1/3 的份额，后来又修改为 2/3，这种关键字样的改动，就会涉及遗嘱被篡改的嫌疑。

现实中，人们可能有这样的考虑：遗嘱确实是遗嘱人本人修改的，再说了，你怎么知道是后来修改的？

这里需要提醒的是：最好别冒这种风险。保持遗嘱的“原始性”非常重要，还是要相信现代技术的力量。修改、造假等行为，都是可以识别出来的。

如果真的改变主意，想修改遗嘱内容，最好的方式是重新订立，这样会更保险一些。

7. 电子证据

- 遗嘱原件的电子扫描件（或者照片）。纸质版如果与电子版保持一致，说明遗嘱本身未经修改。但凡不一致，表明必定有一份在后期经过修改。

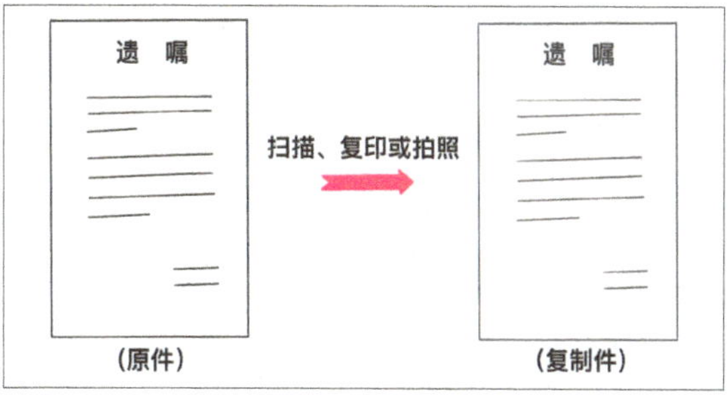

- 遗嘱人与书写遗嘱的合影。把遗嘱人、遗嘱照片拍得清楚一些，表明这份遗嘱是经遗嘱人本人认可的。

- 见证人与见证书的合影。对于纳入见证人的遗嘱，给见证人和见证书清晰地拍合影，用图像的形式表明见证人确实见证了整个遗嘱订立过程。
- 所有证据、证明材料的扫描件。同理，为了保持与纸质证明材料的一致性比对。比如身份证扫描件、房产证扫描件、笔迹样本扫描件、指纹扫描件、经过见证人签字的见证书扫描件等。这些扫描件上，最好再加上相关人员的签名、注明日期。

8. 资料封存

将上述遗嘱原件、订立过程中的各类证据，无论是纸质还是电子数据载体的，最好进行专门封装。

遗嘱的封装，不仅仅是简单的包装的概念，更重要的是，封装本身就是一项非常关键的证据。

- 这个袋子中所有的内容，都是由遗嘱人本人认可的。
- 一旦封装，就表明其中包含的任何东西，在封装拆解之前，均为原始的、未被动过的。

基本封装要求：

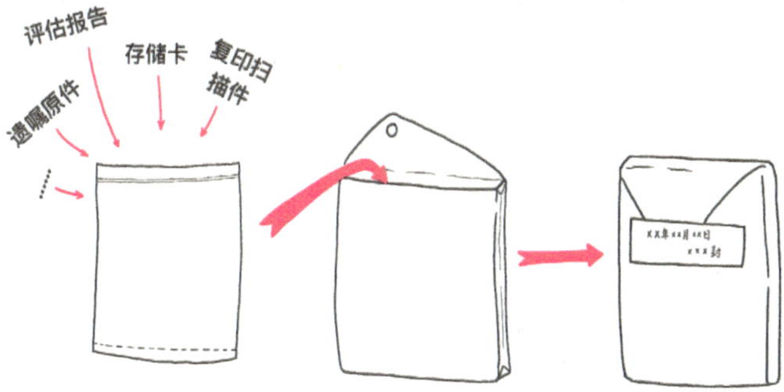

为了防止受潮，可以先用防水袋进行封装，再装入封装袋中。在封装完成后，贴上封条，注明封装日期、封装人等信息。

此外，还可以单独制作一份“封装物品清单”，一并放到封装袋中封存。

常见问题解答

问：订立一份遗嘱这么麻烦？还需要整理、收集这么多证据？不收集行吗？

答：证据是用来防范遗嘱出现受质疑的风险的。

虽然不收集这些证据不一定会让遗嘱无效。

遗嘱是否有效，本来就是在未来发生继承，有人对遗嘱产生怀疑时，才会引发的问题。而强调证据就是为了防止这种情况发生。

所以，一定要清楚为什么要收集证据。真实的证据越充分，这份遗嘱的效力保障度就越高。遗嘱本身就是为了实现遗嘱人真实的分配意愿，而且其中涉及的财产往往都不是小数目。从这个角度来看，即使前期麻烦一些，多花一些时间精力，把证据做足，也是值得的。

问：我打算订立一份自书遗嘱，法律规定不要求见证人，可以不找人见证吗？

答：可以。

自书遗嘱不要求必须有见证人。所以，即使没有见证人，也不能决定遗嘱是否有效。

见证人在遗嘱形式中，本身的定位就是证据。从这个角度来看，见证人具有普适性。所以，有客观证据，对于遗嘱效力的保障力度来讲会更大，这也是建议在自书遗嘱中考虑纳入见证人的原因。

当然，遗嘱人可能会考虑到：我就想自己写，事先不想让任何人知道；或者找见证人很困难。没关系，做足其他证据（比如全程录音录像），对于遗嘱效力也是有保障的。

问：父亲立遗嘱，我能找我舅舅、舅妈来当见证人吗？他们和我父亲没有血缘关系。

答：不可以。

见证人最基本的要求是：与继承人之间无利害关系。这里所说的利害关系不是以有无血缘关系作为判断依据的。

作为家庭亲属，无法判断他们到底倾向于谁，或者说，他们很有可能倾向于继承人。这种情况就会导致见证人不符合要求，遗嘱无效。

所以，之前我们给出一些不能充当见证人的角色，也给出一些建议的见证人选择范围，可供参考。

问：遗嘱人很多年都没写字了，现在写起来手抖，所以做的代书遗嘱。签不了字怎么办？

答：练习签名，或者改变遗嘱形式。

这看起来似乎确实是个矛盾：因为不会写字或写不了字，才做的代书遗嘱。但是代书遗嘱又要求签名，这不是为难人吗？

解决办法有两种。

一种是练习。代书遗嘱需要遗嘱人签名，是硬性规定。哪怕不会写字，也要照着样子“画”个字。这种方式下，就更强调前面提到的证据链了，把其他证据都做足了，即使签名签得很不像样，也没关系。

另一种就是改变遗嘱形式，如采取录音录像遗嘱。只要遗嘱人能够清晰地表达自己的意思，录音录像遗嘱是不需要遗嘱人动笔的。

问：录像过程中，老人确实坚持不了那么长时间，中途能间断一下，让老人休息一会儿吗？

答：可以，但是要注意一些事项。

有时候老年人上了年纪，动作必然会慢一些，这完全可以理解。一直强调在录音录像过程中，要保持不间断。但时间一长，老人可能坚持不下来，让老人适当休息一下是可以的。

但是要注意：在录制过程中，人可以休息，录音录像却不能停顿。此外，还有一点非常重要：录制过程中，出现在镜头中的人不要脱离录制范围，目的是用来表明：中间的停顿属于客观原因，遗嘱人、见证人等并未在此期间做其他事情。这样操作说明整个遗嘱订立过程没有受到其他干扰。

问：如果把遗嘱封存起来，今后想不起遗嘱内容了，怎么办？

答：可以保留电子证据。

现实中确实存在此类问题。

比如，老人在订立遗嘱的时候，有非常清晰的分配意愿。随着年龄渐渐增长，身体机能减退，记忆力下降，有时候会忘记当时遗嘱是怎样订立的。如果想看遗嘱，就得把封装拆掉，不就相当于把证据毁了吗？

这种情况下，订立时留存下来的电子证据就能发挥作用了。电子证据，只要是原件，未经过任何编辑修改，多次拷贝，不影响原件的真实性。

因此，留存电子证据的时候，可以考虑留个备份。一份封装起来，另外存一份，想看的时候，还可以拿出来看看。

问： 遗嘱封存好了，我交给谁来保管比较合适？

答： 可以有多种选择。

很多人确实会对遗嘱的保管犯难。有若干种保管方式，都有各自的可取之处。这里给出三种保管建议。

第一种方式，自己保管。自己保管相对来讲心里最踏实，但可能出现的问题是：到底该不该告诉继承人？如果不告诉，万一自己去世，继承人如何知道这份遗嘱的存在？所以，从操作上来讲，可以将遗嘱放在一个妥善、安全的地方，不会因为环境（如受潮）、毁损（如虫蛀）导致遗嘱失效。自己锁起来，把钥匙保管好，告诉继承人到时候记得找到钥匙，取出遗嘱。

第二种方式，交给遗嘱继承人保管。由遗嘱继承人保管，前提是相当于把遗嘱事项告诉了继承人，同理，也要叮嘱遗嘱继承人防止遗嘱损毁灭失。这种方式，未来有可能产生的争执是：其他继承人会质疑，是不是遗嘱继承人影响遗嘱人偷偷订立的？但是，如果证据保存齐全，问题影响也不会太大。

第三种方式，委托保管。遗嘱毕竟是比较私密的东西，而且通常涉及的财产数额巨大。稳妥的方式是交由第三方文件保管机构进行保管。现在社会上提供资料保管的服务机构比较多。一般来讲，保管机构都会给出一个领取凭证。把这个凭证留好，可以告诉遗嘱继承人，等自己去世之后，把这个凭证找出来，去指定的地方取出遗嘱。这种方式的好处是，遗嘱资料的保管安全系数较高，不用过于担心损毁、丢失等风险。但是，需要支付一定的费用。

七　遗嘱的“生效”

订立遗嘱不是结果，结果是要确保遗产留给指定的人。

【案例故事】

小儿子不孝，老人把房全留给大儿子，谁知大儿子出了意外，好在补救及时

魏大爷和老伴儿不到70岁的时候就分别订立了遗嘱。

很多人对遗嘱都很忌讳。魏大爷订立遗嘱其实也是出于无奈。

魏大爷有两个儿子。大儿子憨厚老实，工作上没什么成就，但是一直对二老尽心尽力地照顾。在父母看来，这就是最大的出息。但小儿子不一样，从小爱玩，爱耍小聪明，长大之后游手好闲，“挣俩花仨”，对父母更是不闻不问。但凡父母稍有说辞，就会引来一番争吵。

魏大爷琢磨，把房子分给老二，弄不好也得被挥霍糟蹋了。

老伴儿和他的想法一致：父母的财产，不是自然地就得留给子女。真正该给的是孝顺的子女。

所以，两人的遗嘱内容表达了同样的意思：财产中属于自己的部分，全部由大儿子继承。

遗嘱的事情二老没有和孩子们说过。俩人商量，万一谁先走了，再告诉大儿子去办理。

家庭生活照旧。

虽然魏大爷曾对小儿子说：“你多学学你哥，做人做事踏实点。都多大岁数了还不着调！”

小儿子不以为然。不跟爸妈吵两句，就算是对他们的尊重了。

大儿子依旧得空就回家看看，时不时给老人捎带东西。小儿子依旧乐得清闲，自顾自乐。照他自己的话说就是：“我上赶着去自

讨没趣干什么？”

随着年纪越来越大，老人彼此越发地相互依靠，对大儿子的依赖也越来越强。

但是，偏偏发生了意外。

大儿子出事了。一场车祸，大儿子没有抢救过来。

大儿媳怕老人受不了，大儿子刚出事头两天没敢说。挣扎许久，想着无论如何也得让老人见上最后一面，瞒是瞒不住的。魏大爷和老伴儿得知这个消息，痛不欲生。这么好的一个儿子，怎么说没就没了！

拖着年迈的身体，老两口坚持处理完后事，成宿睡不着觉。大儿媳、长孙怕老人再出什么事儿，母子俩强打着精神，陪伴在老人身边。

小儿子怕惹父母生气，再说有大嫂、大侄子在，就不干火上浇油的事儿了，索性又“躲”了出去。

时间过得很慢，一家人时刻都在煎熬中度过；时间过得又很快，转眼间，大儿子走了一年多了。

这一年多，老人衰老得很快。

大儿子没了，大儿媳、孙子担负起了照顾老人的责任。

有一天，魏大爷稍微有了点精神，把大儿媳、孙子叫到面前说道：“有件事跟你们说一下。之前我们立过遗嘱，把财产全留给老大。现在，唉……闺女，当时立遗嘱之前我们打听过，人家问我们要不要留给儿子‘个人’，我们没同意。我们这点家当，就是留给你们一家子的。我们不知道遗嘱现在还有没有用。你们去帮忙打听打听，看看怎样处理。”

打听之后，儿媳妇把结果告诉了老人。果然像老人担心的：这份遗嘱无法生效。万一发生继承，会按照法定继承执行。

问明原因之后，魏大爷明白了。和老伴儿商量之后，又重新做了决定：把他们的财产全部遗赠给孙子。

“闺女，我们这么考虑，没有其他意思，你别多心。咱们当爹娘，当爷爷、奶奶的，最后还不是把财产都留给孝顺的孩子？”

其间，魏大爷和老伴儿还做了一件事：放弃了对大儿子遗产的继承权。

他们想得比较清楚：大儿子家的财产是他们一家三口挣来的，应该在他们的小家中流转。

遗嘱没问题，就一定能生效吗？不一定。

魏大爷家的情况就属于其中之一：因为遗嘱继承人先于遗嘱人去世，所以遗嘱无法生效，最终的结果将按照法定继承执行。

还好，魏大爷及时做出了补救措施，重新订立了遗嘱，表达了自己的分配意愿。

一、遗嘱生效时的若干情况

遗嘱生效是在发生继承时开始，即遗嘱人去世时开始生效。

遗嘱没有失效期，直至继承完毕，其间遗嘱一直有效。但有五类情况，遗嘱不生效，按照法定继承执行继承程序。

第一千一百五十四条 有下列情形之一的，遗产中的有关部分按照法定继承办理：

（一）遗嘱继承人放弃继承或者受遗赠人放弃受遗赠；

（二）遗嘱继承人丧失继承权或者受遗赠人丧失受遗赠权；

（三）遗嘱继承人、受遗赠人先于遗嘱人死亡或者终止；

（四）遗嘱无效部分所涉及的遗产；

（五）遗嘱未处分的遗产。

遗嘱中指定的继承人或受遗赠人主动放弃。遗嘱是单方行为，代表的是遗嘱人个人的分配意愿。遗嘱中指定的继承人或者受遗赠人有权利主动放弃。一旦放弃，就按照法定继承执行，遗嘱不生效。

遗嘱继承人或者受遗赠人触发不能继承的条件。《民法典》中，关于丧失继承权的条件有明确规定。一旦触发且未得到宽恕，遗嘱继承人或者受遗赠人就不能继承。

第一千一百二十五条　继承人有下列行为之一的，丧失继承权：

（一）故意杀害被继承人；

（二）为争夺遗产而杀害其他继承人；

（三）遗弃被继承人，或者虐待被继承人情节严重；

（四）伪造、篡改、隐匿或者销毁遗嘱，情节严重；

（五）以欺诈、胁迫手段迫使或者妨碍被继承人设立、变更或者撤回遗嘱，情节严重。

继承人有前款第三项至第五项行为，确有悔改表现，被继承人表示宽恕或者事后在遗嘱中将其列为继承人的，该继承人不丧失继承权。

受遗赠人有本条第一款规定行为的，丧失受遗赠权。

遗嘱继承人或受遗赠人先于遗嘱人去世。这类情况在现实中也有发生。遗嘱人指定的继承人先于遗嘱人去世。那么，遗嘱中涉及的财产应该如何处理？还继续执行吗？

- 如果遗嘱继承人先于遗嘱人去世，那么遗嘱中涉及该继承人的部分无效。
- 如果遗嘱中涉及多位继承人，并不影响其他在世继承人的遗嘱继承权。
- 去世人的继承部分，将按照法定继承执行。

遗嘱无效部分所涉及的遗产。这种情况，在之前介绍财产时进行过部分说明。比如，房产原本属于夫妻共同财产，遗嘱人将其全部指定给某人继承，其中涉及的不属于遗嘱人的那部分财产，将按照法定继承执行。

遗嘱未处分的遗产。如果被继承人有部分财产未纳入遗嘱，这部分财产将按照法定继承执行。比如，遗嘱人生前还有一张银行卡，未立入遗嘱。这部分财产将按照法定继承执行。

此外，还有五类常见的情况：

- 遗赠；
- 遗嘱人先去世，遗嘱继承人尚未继承时去世；
- 遗嘱中指定的财产灭失；
- 遗嘱中指定的继承人（受遗赠人）违背遗嘱所附条件；
- 遗嘱中未留有必要份额。

遗赠。

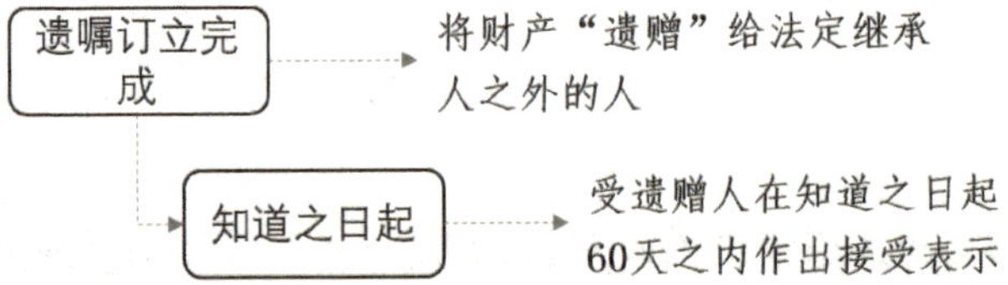

前述内容中，介绍过“遗赠”性质遗嘱的一个特定要求：“受遗赠人应当在知道受遗赠后六十日内，作出接受或者放弃受遗赠的表示；到期没有表示的，视为放弃受遗赠。”逾期未作出接受表示，遗嘱中的财产按照法定继承执行。这是现实中特别容易被忽略的一点，比如爷爷通过遗嘱的方式，将自己的财产遗赠给孙子，但是孙子在知道这件事之后，没有作出接受表示，导致最后无法得到爷爷的财产。

遗嘱人先去世，遗嘱继承人尚未继承时去世。

这又是一种常见的情况。比如，父亲通过遗嘱的方式，将自己的财产指定由儿子继承。父亲去世了，儿子还没来得及办理继承也去世了。这种情况下，遗嘱是否能生效？

《民法典》中有相关规定。

第一千一百五十二条 继承开始后，继承人于遗产分割前死亡，并没有放弃继承的，该继承人应当继承的遗产转给其继承人，但是遗嘱另有安排的除外。

遗嘱继承人后于遗嘱人去世且在未办理继承手续时去世：

- 遗嘱人先去世，因此遗嘱继承人已经通过遗嘱获得了遗产继承权；
- 当尚未办理继承手续的时候，其获得的继承权，将继续由其继承人继承。

遗嘱中指定的财产灭失。

如果在继承发生之前，遗嘱中涉及的财产灭失，比如遗嘱人生前已经将银行存款花完，遗嘱人已经将房产过户给别人……类似这些情况，因为财产没了，继承也就无从谈起。

这种情况下，遗嘱不能生效。

遗嘱继承人违背了遗嘱中的条件。

这种情况主要针对“附条件遗嘱”。若违背条件约定，遗嘱不生效。比如，遗嘱人在要求继承人赡养的前提下，方可继承财产。但继承人并未履行条件，因此，不能按照遗嘱执行。

遗嘱中未留有“必要份额”。

如果在遗嘱中，未对法定继承人范围内的“双无”人员或者胎儿保留份额。

对于法定继承人中存在“双无”人员，应当留有必要份额。因此，在分割遗产时，要先从遗产中分出一部分给到“双无”人员，剩余部分再按照遗嘱进行分割。

对于处于胎儿阶段的法定继承人，也需预先按照法定继承的分配方式，为其保留必要份额，其余份额可按照遗嘱执行。若胎儿娩出时是死体，对应的预留份额再按照法定继承进行分割。

二、遗嘱的生效过程

关于法定继承、遗嘱继承、遗赠和遗赠扶养协议的效力，《民法典》中有相关规定。

> **第一千一百二十三条** 继承开始后，按照法定继承办理；有遗嘱的，按照遗嘱继承或者遗赠办理；有遗赠扶养协议的，按照协议办理。

但即使是合法有效的遗嘱，遗嘱中指定的继承人（或受遗赠人），也不能凭借遗嘱独自办理遗产的继承过户。

既然如此，订立遗嘱还有什么用？

我们可以反过来问：如果没有遗嘱，会发生什么事？如果没有遗嘱，将按照法定继承执行，即由法定继承人继承遗产。因此，遗嘱的作用是提前按照自己的意愿安排继承人，将其他继承人排除在外。

从另一个角度来看，财产管理机构（如不动产登记中心、银行等），本身也不具备判别遗嘱有效性的职责和能力。

因此，即使继承人手持一份合法有效遗嘱，依然无法直接办理继承手续。目前阶段，公证遗嘱也无法实现直接过户，因为遗嘱是以最后一份合法有效遗嘱为准，财产管理机构并不知道办理人手持的遗嘱是否为最后一份。

遗嘱的生效过程：

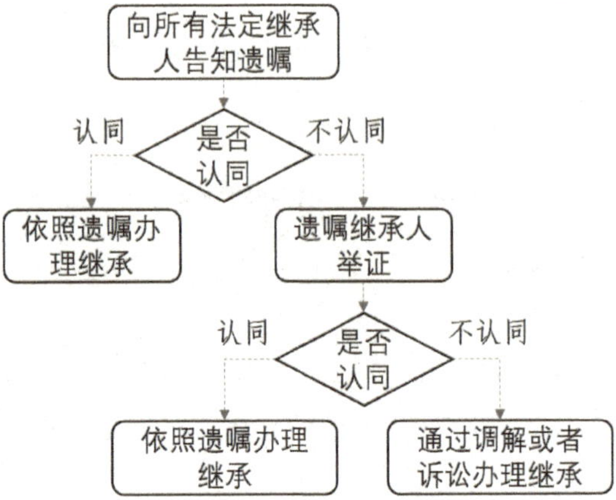

单凭遗嘱，不能绕过其他法定继承人直接办理继承。

- 办理继承环节的第一步，是告知其他法定继承人，并获得他们的同意。
- 即使其他继承人均同意，在办理过程中，依然要求他们配合（如到场）。

所以，无论如何，法定继承人必然会参与到继承中。这里所指的法定继承人，指第一顺序继承人；如果没有第一顺序继承人，指第二顺序继承人。此外，如果发生如代位继承、转继承等问题，相关有继承权的人也需要配合。

因此，在继承中，遗嘱订立过程的证据作用就显得尤为重要：一旦有人质疑，就要靠证据来说服质疑者。

1. 所有继承人均认同遗嘱

这种情况下，办理继承手续的要点如下。

第一步：材料准备。

- 财产证明。遗嘱人生前留下的个人合法财产的凭证，如房产证、银行卡、存折存单等。
- 身份证明。所有在世法定继承人的身份证、护照。
- 亲属关系证明。包括被继承人、法定继承人之间的亲属关系。
- 死亡证明。包括被继承人以及继承人中去世人的死亡证明。

第二步：办理继承权公证。

- 持有上述四类材料，所有继承人到当地公证处办理放弃继承权，或者继承权公证手续，由公证处出具《继承权公证书》。

第三步：办理过户手续。

- 继承人凭借《继承权公证书》，到遗产管理机构（如不动产登记中心、存款银行等），办理遗产过户手续。

其中，有两个要点需要说明。

第二步、第三步可以合并。

之前谈到继承办理方式时提过：可以直接办理。目前主要涉及房产和小额银行存款。

关于房产继承过户，前面已经介绍过，不再赘述。

关于银行存款，《中国银保监会办公厅、中国人民银行办公厅关于简化提取已故存款人小额存款相关事宜的通知》（银保监办发〔2021〕18号）有相关规定。

> 二、适用本通知规定办理已故存款人小额存款提取业务应当同时符合下列条件：

（一）已故存款人在同一法人银行业金融机构的账户余额合计不超过 1 万元人民币（或等值外币，不含未结利息）；

（二）提取申请人为已故存款人的配偶、子女、父母，或者公证遗嘱指定的继承人、受遗赠人；

（三）提取申请人同意一次性提取已故存款人存款及利息，并在提取后注销已故存款人账户。

银行业金融机构可以上调本条第（一）项规定的账户限额，但最高不超过 5 万元人民币（或等值外币，不含未结利息）。

外币存款按照提取当天国家外汇管理局公布的汇率中间价折算。

在被继承人银行存款额度本金不超过规定上限（1 万元，或银行自定不超过 5 万元）的情况下，继承人不需要进行公证。

如果提取人为去世人的第一顺序法定继承人，即配偶、子女或父母，需要携带：

- 个人身份证明；
- 与去世人亲属关系的证明；
- 去世人的死亡证明；
- 个人承诺书。

如果提取人为去世人公证遗嘱中指定继承人或受遗赠人，需要携带：

- 个人身份证明；
- 公证遗嘱；
- 去世人的死亡证明；

- 个人承诺书。

可以到银行直接办理去世人存款的提取业务。

关于办理继承手续相关证明材料的开具。

<table>
<tr><th colspan="2">材料</th><th>开具机构</th></tr>
<tr><td rowspan="3">身份证明</td><td>身份证</td><td>户口所在地公安机关（派出所）</td></tr>
<tr><td>护照</td><td>当地出入境管理部门</td></tr>
<tr><td>外籍身份</td><td>按照当地规定，需要我国驻当地大使馆协助证明</td></tr>
<tr><td rowspan="3">死亡证明</td><td>医学死亡证明</td><td>由医疗机构出具</td></tr>
<tr><td>注销户口证明</td><td>由当地公安机关出具</td></tr>
<tr><td>死亡宣告书</td><td>由当地人民法院出具</td></tr>
<tr><td>财产证明</td><td>—</td><td>由财产登记、管理机构出具。比如，不动产登记中心、银行等</td></tr>
<tr><td rowspan="4">亲属关系证明</td><td>结婚证</td><td>原婚姻登记所在地或户口所在地的民政部门婚姻登记处</td></tr>
<tr><td>出生证</td><td>出生地申报户口的派出所</td></tr>
<tr><td>亲属关系证明</td><td>户籍所在地派出所户籍科，或人事档案管理部门（如人才中心）</td></tr>
<tr><td>户口簿</td><td>户籍所在地派出所户籍科。若亲属均在一本户口簿上，无须亲属关系证明</td></tr>
</table>

2. 有继承人不认同遗嘱

若其他继承人中有不认同的，意味着对于遗产继承产生了争议纠纷，对遗嘱产生了质疑。

这种情况下，要么通过证明遗嘱有效，打消其质疑；要么通过调解或诉讼方式来解决。

三、遗嘱执行

1. 遗嘱执行人与遗产管理

之前在介绍遗嘱内容时提过：遗嘱人在订立遗嘱时，可以指定遗嘱执行人。但在相关法律中，没有对遗嘱执行人由谁来扮演，承担什么角色，如何执行遗嘱作出明确的规定。

在《民法典》中，关于“遗嘱执行人”的产生，有这样一条规定。

第一千一百三十三条第一款 自然人可以依照本法规定立遗嘱处分个人财产，并可以指定遗嘱执行人。

也就是说，遗嘱执行人是遗嘱人通过遗嘱提前指定的。如果遗嘱人在订立遗嘱时没有明确指定，那么这个角色不存在。

第一千一百四十五条 继承开始后，遗嘱执行人为遗产管理人；没有遗嘱执行人的，继承人应当及时推选遗产管理人；继承人未推选的，由继承人共同担任遗产管理人；没有继承人或者继承人均放弃继承的，由被继承人生前住所地的民政部门或者村民委员会担任遗产管理人。

但是，如果结合上述规定，可以得到两个基本结论：

- 遗产继承，需要遗产管理人；
- 如果遗嘱中指定了遗嘱执行人，遗嘱执行人就是遗产管理人。

2. 遗嘱执行

在这里，统一用“遗嘱执行人”这个角色来介绍遗嘱的执行过程——遗嘱人通过遗嘱，指定遗嘱执行人。

结合有关“遗产管理人”职责的法条规定，对于遗嘱执行人来讲，主要职责包括：

- 发生继承之后，通知所有继承人。
- 对遗嘱的合法性、有效性进行确认，包括遗嘱原件、遗嘱订立过程证据，要进行完整收集、核实，确保遗嘱真实、合法、有效。
- 对遗嘱中指定的财产进行核实，包括财产的真实合法性，是否属于去世人生前个人合法财产，以及相关的财产证明原件收集（如房产证、银行存折等），并制作遗产清单。
- 对遗嘱人生前的债务进行核实、确认。
- 在继承完毕之前，监督遗产的保全状况，确保遗产的完整性，不被私自挪用、侵吞等。
- 召集所有继承人，对遗嘱内容进行宣读，对遗嘱的合法有效性提供说明。
- 在继承人均无争议的情况下，协助遗嘱继承人完成继承过户手续的办理。
- 在继承人存在争议的情况下，协助遗嘱继承人与其他继承人进行协商、调解，或者联络专业机构（如律师事务所、法院等），帮助遗嘱继承人进行诉讼。

关于遗嘱执行人是否取得酬劳，可以由遗嘱人在遗嘱中说明，也可以由继承人和遗嘱执行人协商确定。

在遗嘱继承情况下，遗嘱执行的总体流程如下。

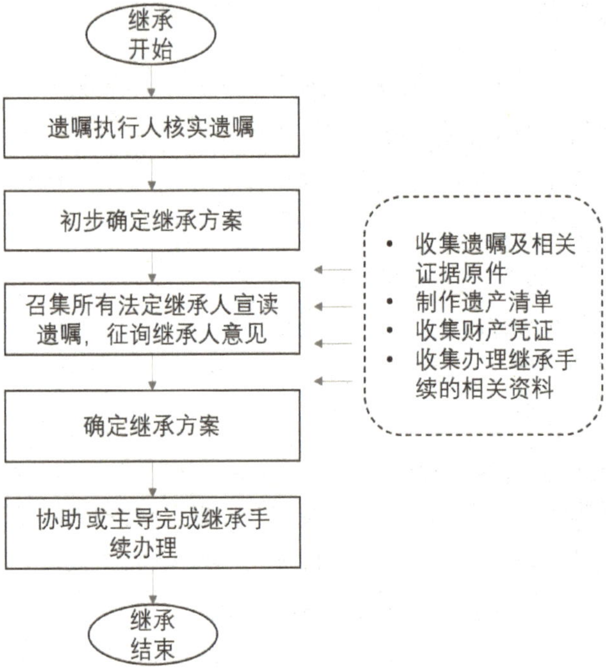

其中，涉及6个关键动作：

- 遗嘱核实；
- 初步确定继承方案；
- 召集继承人；
- 确定继承方案；
- 资料收集；
- 继承手续办理。

关键动作之一：遗嘱核实。

发生继承时，遗嘱执行人首先需要对遗嘱本身的真实性、合法性进行核实。这是能否按照遗嘱执行继承程序的前提。

- 遗嘱人在订立遗嘱时是否具备完全民事行为能力。
- 遗嘱是否为遗嘱人个人的真实意思表示。
- 遗嘱内容表达是否清晰、准确。
- 遗嘱本身是否为原件，未经任何其他人的编辑、篡改。
- 是否为最后一份遗嘱。

判断遗嘱真实、合法、有效的依据，即遗嘱订立过程中的证据。

关键动作之二：初步确定继承方案。

根据遗嘱核实结果，遗嘱执行人要先做到自己心里有数：

- 遗嘱有效的情况下，按照遗嘱执行继承程序；
- 遗嘱无效的情况下，按照法定继承执行继承程序。

关键动作之三：召集继承人。

向所有法定继承人（有第一顺序的，仅限第一顺序；没有第一顺序的，限于第二顺序）宣读遗嘱内容，提供有关证据证明。

遗产继承，除了依法而定之外，更重要的是继承人之间的沟通、协商。即使遗嘱合法有效，也有不同意的；即使遗嘱无效，也有认同的。

因此，遗产继承，必须经过所有法定继承人知晓这一过程，无论是否有遗嘱，无论遗嘱是否有效。

关键动作之四：确定继承方案。

继承方案最终的确定，取决于所有法定继承人的意见结果。尊重遗嘱人生前意愿，均同意按照遗嘱执行的，走“无争议”继承程序，即公证或者直接办理；不同意按照遗嘱执行的，或者对遗产份额分配产生分歧的，走“有争议”继承程序，即调解或诉讼。

关键动作之五：资料收集。

这个动作独立于其他行为之外，并非与上述动作存在前后顺序关系。

遗嘱执行人收集的资料主要包括三类：

（一）遗嘱原件及其相关证据。具体内容详见“证据”部分。

（二）制作遗产清单。对被继承人生前个人合法财产进行核实、列示，收集相关财产凭证原件。收集相关凭证的目的在于，确保遗产真实、合法，防止有人私自对遗产进行转移、处置。这里提供一个遗产清单的模板。

张三（被继承人）遗产清单

编号	财产类型	位置	凭证号	登记人	遗产份额
1	房产	××市××小区101室	房产证号×××	张三	50%
2	存款	××银行××支行	银行卡号×××	张三	50万元
3	……				

制作人：×××
身份证号码：×××
制作日期：×年×月×日

在遗产清单中，要体现三类关键信息：

- 遗产信息。包括财产类型、位置（如房产位置、存款所在的银行等）、凭证号。
- 登记人。该项财产登记在谁的名下。之前我们提过，如果是夫妻共同财产，即使登记在一方名下，也不意味着个人一定具有100%产权。登记人信息与遗产份额之间，存在一定的关联关系。

- 遗产份额。被继承人在该项财产中所占有的份额（即为遗产）。

此外，写明清单制作人的具体信息，包括签名、身份证号码、制作日期。

（三）继承办理材料。在无争议的情况下，可提前收集办理继承手续的四类材料：死亡证明、遗产证明、继承人身份证明、亲属关系证明。

关键动作之六：继承手续办理。

遗嘱执行人可以接受继承人的委托，全程主导办理；也可以作为牵头人，组织继承人自行办理。

从继承方式上，依据继承人之间的意见一致性而定。财产过户到继承人名下，继承结束。

四、遗嘱执行中的特殊情况

有遗嘱，有遗产，有继承人，就可以按照去世人生前的真实意思，对遗产进行分配。

正常情况下，通过遗嘱指定继承人，说明继承人是客观存在的。但是，有可能遗嘱继承人先于遗嘱人去世。

之前提过：如果遗嘱继承人先于遗嘱人去世，对应的遗产份额按照法定继承执行。

还有一种特殊情况：被继承人没有其他法定继承人或者有扶养关系的人。在这种情况下，其生前个人合法财产作“充公”处理。

第一千一百六十条 无人继承又无人受遗赠的遗产，归国家所有，用于公益事业；死者生前是集体所有制组织成员的，归所在集体所有制组织所有。

“无继承人”是一种相对比较少见的情况，需要同时满足以下条件：

- 父母、祖父母、外祖父母均先于被继承人去世；
- 被继承人没有配偶或者配偶早亡；
- 被继承人没有子女（生子女、养子女或有扶养关系的继子女）或者子女均早亡且没有留下后代；
- 被继承人没有兄弟姐妹，或者兄弟姐妹均已早亡且没有留下后代；

- 被继承人生前没有其他与其有扶养关系的人。

常见问题解答

问： 父母已经去世十几年了，他们生前留下了遗嘱，但是一直没有办理继承，遗嘱还能生效吗？

答： 只要是合法有效遗嘱，就可以生效。

遗嘱生效，是自遗嘱人去世时开始至继承办理完成为止。也就是说，在没有办理继承之前，遗嘱一直有效。不能片面地理解：长时间没办理继承，遗嘱就没用了。

此外，要注意两个时间点：一个是 3 年，另一个是 20 年。3 年是指得知自己利益侵害之日起提请诉讼的限定时限，超过 3 年就不再受保护；20 年指的是自发生继承之日起算，超过 20 年，就不再受保护。

但是，3 年诉讼时效和 20 年除斥期间的规定，均不影响合法有效遗嘱的作用。

问： 遗嘱中必须指定遗嘱执行人吗？没有遗嘱执行人怎么办？

答： 遗嘱，不必须指定遗嘱执行人。

遗嘱人在订立遗嘱的时候，可以指定遗嘱执行人。这是本人比较推荐的一种方式，因为它代表了遗嘱人个人意思。

根据《民法典》的规定，遗嘱执行人其实扮演的是“遗产管理人”的角色。因此，提前指定遗嘱执行人，实际上是提前指定了遗产管理人。

如果没有指定，无非有两种结果：（1）多位继承人之间达成一致，共同推举遗产管理人；（2）继承人之间谁也不服谁，就由所有法定继承人扮演遗产管理人。当然，这种情况必然会面临争议风险：本来就无法达成一致，现在又要承担同一种角色来讨论遗产分配的事情。

所以，建议在遗嘱中提前指定好遗嘱执行人。

问：是不是有了遗嘱执行人，所有继承人都得听遗嘱执行人的安排？

答：不能这样理解，而且单纯如此理解，也不现实。

遗嘱执行人不具有决策性，不能理解为“继承决策者”。在现实中，所有法定继承人，都可以对继承方案赞同或反对。更何况，如果遗嘱没有指定遗嘱执行人，所有继承人可以共同担任遗产管理人。

通过遗嘱指定遗嘱执行人的意义在于，由遗嘱人赋予其作为“遗产管理人”的角色，比如在遗产分割前做好遗产保护、遗产盘点、按照遗嘱人的意愿执行继承程序等。

如果其他继承人都愿意听从，当然是好事；如果有人不听从，那么遗嘱执行人就可以凭借法定的身份，通过协调沟通甚至诉讼等方式来实现遗嘱人生前的分配意愿。

问：我的公公、婆婆立了遗嘱，把财产都给我丈夫，但我丈夫发生意外先走了，请问遗嘱还有用吗？

答：这种情况下，遗嘱中涉及您丈夫的部分无法生效。

遗嘱中指定的继承人，如果先于遗嘱人去世，就意味着在这份遗嘱生效之前，遗嘱继承人已经不在了。

因为您丈夫去世的时候，他父母的遗产还没有发生继承，所以您丈夫还没有其父母财产的继承权。

您公公、婆婆的遗嘱中，指定给您丈夫继承的份额部分，未来将按照法定继承执行（如果您丈夫有子女，子女可以代位继承），除非他们重新订立了遗嘱。

问：我的公公、婆婆立了遗嘱，把财产都给我丈夫。公公、婆婆去世之后我丈夫还没来得及办理继承事宜也去世了，没留遗嘱。

我能代替他继承吗?

答：这种情况下，可以继承，但是不一定能全部继承。

您丈夫去世的时候，已经有公婆遗产的继承权，但可能因为各种原因没有及时办理继承就去世了。这种情况下，他的继承权将转给他的继承人。

作为配偶，您是第一顺序继承人，所以可以法定继承。但是，能否继承全部，还要看您丈夫有没有其他法定继承人，如子女。如果没有遗嘱且存在多个法定继承人，由所有法定继承人继承您丈夫应继承的份额。

问：夫妻一方去世了，没有遗嘱，夫妻共同购买的房产还有房贷。去世方的父母还在世，要求分割房产，但房贷由在世方一人承担，合理吗?

答：不合理。

房贷，可以理解为对外的合法债务。

去世人生前留下的合法债务是要偿还的。继承人不能只想着继承财产而不承担债务。所以，只能有两种选择。

一种选择是：放弃继承，不承担债务。

另一种选择是：不放弃继承，去世人应偿还的贷款，按照各继承人的继承份额分摊。

八　温馨提示

先麻烦，总比把麻烦留在后面好一些。

有人说了：订立一份遗嘱这么麻烦，又要做评估，又要找见证人，还得录音录像收集一堆证据……老百姓把自己的财产留给自己想给的人，有这么难吗？

在继承中，面临最大的两个麻烦：一是人的问题，二是手续的问题。

人的问题源于人性，难以把控。所以，这是订立遗嘱的必要性，即遗嘱最大的作用，本来就是提前作出安排，把自己的财产留给该给的人。继承，其实分的不是财产，而是人。

手续的问题在现阶段无法避免。即使留有合法有效遗嘱，依然不能简化继承手续。

所以，真正认清遗嘱的作用，不夸大，不贬低，非常重要。

一份合法有效遗嘱，能减少多少麻烦？

从结果上，能确保自己的财产留给指定的继承人（或受遗赠人）。

遗嘱，解决的是继承中最大的麻烦——人的问题。

无论继承人之间是否有争议，无论过程多复杂，都不会改变结果。财产，能给到遗嘱指定的继承人或受遗赠人。

但凡打算订立遗嘱，一定是遗嘱人个人有了财产分配的倾向。法定继承情况下，这种诉求无法得到满足。只要法定继承人没有触发丧失继承权行为，必定有继承权；更何况还有很多老人想留给不在法定继承人之列的人，如孙子。

从过程上，能够减少继承人心理上的担忧。

两位老人，万一一方先走了，子女们要来分房，健在一方怎么办？依靠谁？

遗嘱，解决的是让健在一方心理安全的问题。

法定继承情况下，继承人有权利要求对财产进行继承分割。

万一遇到子女不孝顺的情况，健在一方的权益谁来保护？一份合法有效遗嘱，完全可以做到让健在一方有经济保障并对子女形成约束，如把财产全留给老伴儿，或者财产留给子女，但子女有条件地继承。

因此，遗嘱是对夫妻双方彼此的保护，减少心理上的担忧和顾虑。

从财产上，让财产在自己的“小家”中留传。

法定继承，避免不了家财被外人分走的风险。转继承的问题，导致七大姑八大姨和儿子争产；女儿离婚，女婿把传给女儿的财产分走一半……类似这些情况，屡见不鲜。相信绝大多数人都会选择让财产在自己的小家庭中留传，不可能接受被外人白白分走的结果。

遗嘱，解决的是对自家财产保护的问题。将财产指定给子女继承，就不会发生兄弟姐妹经由父母来和自己子女争夺财产的问题；将财产指定给子女个人继承，就不会产生子女如果离婚导致的财产流失一半的可能。

遗嘱，是对道德最大的尊重和褒奖。

何谓“道德”？

家庭父母与子女关系中，最基本的道德就是“你养我小，我养你老”。所以，父母对未成年子女有法定抚养义务，成年子女对父母有法定赡养义务——法律规定与道德精神相一致。

但是，现实并非如此理想。

对父母尽孝赡养的子女，最终在继承财产时，不一定能得到与其付出相匹配的份额。虽然不能将尽孝目的与得到财产挂钩，但是不尽孝的人却得到财产，理从何来？权利与义务、付出与回报对等的基本准则体现在哪里？

虽然尽孝者多分，不尽孝者不分或者少分；对被继承人生前扶养较多的可适当分得……但缺乏衡量标准。

真正的标准、尺度，应该掌握在遗嘱人手里。遗嘱，体现的就是对这种道德文化的尊重：让那些真正付出的人有真正的、说得清楚的回报。

这些就是遗嘱能为每个家庭解决的最大问题。

相比起来，订立遗嘱虽稍微麻烦一点，却是值得的。

图书在版编目（CIP）数据

民法典下的财产继承：遗嘱表达、遗嘱订立、证据采集、遗嘱保管、遗嘱执行 / 全怀周著 . —北京：中国法制出版社，2022. 6（2024. 9重印）

ISBN 978-7-5216-2424-3

Ⅰ. ①民… Ⅱ. ①全… Ⅲ. ①财产继承-基本知识-中国 Ⅳ. ①D923. 54

中国版本图书馆 CIP 数据核字（2022）第 008634 号

策划编辑：杨　智（yangzhibnulaw@ 126. com）
责任编辑：王　悦（798414307@ qq. com）　　封面设计：周黎明

民法典下的财产继承：遗嘱表达、遗嘱订立、证据采集、遗嘱保管、遗嘱执行

MINFADIAN XIA DE CAICHAN JICHENG：YIZHU BIAODA，YIZHU DINGLI，ZHENGJU CAIJI，YIZHU BAOGUAN，YIZHU ZHIXING

著者/全怀周
经销/新华书店
印刷/北京虎彩文化传播有限公司
开本/880 毫米×1230 毫米　32 开　　印张/ 8　字数/ 92 千
版次/2022 年 6 月第 1 版　　2024 年 9 月第 2 次印刷

中国法制出版社出版
书号 ISBN 978-7-5216-2424-3　　定价：42. 80 元

北京市西城区西便门西里甲 16 号西便门办公区
邮政编码：100053　　传真：010-63141600
网址：http：//www. zgfzs. com　　**编辑部电话：010-63141831**
市场营销部电话：010-63141612　　**印务部电话：010-63141606**

（如有印装质量问题，请与本社印务部联系。）